Contents ✔ KU-500-003

Introduction

This book accompanies programmes 11–20 of *Sur le vif*, the second stage of a three-year cycle of French courses for adults. In the first of the two course books we started by revising and practising the basic language introduced in the beginners' course *Ensemble*, consolidating the practical French that you will need in everyday situations. The main aim of Book Two is to get you talking about yourself in more detail – expressing your opinions, and describing your experiences. The last two chapters are intended to equip you with language you'll need when meeting French people socially.

The programmes

As in the first part of the course, the programmes will explain new key structures, illustrating them with recordings made on the spot in France. This time we went to Brittany and visited, among other places, Rennes, the fishing ports of Lesconil and Tréguier, and small towns such as Perros-Guirec. You will hear Bretons talking about their daily life, and giving their opinions (often strongly felt) on their region, its language and traditions. In the programmes you will have the opportunity of practising the key structures – once again, concentrate on these and don't feel discouraged if you don't understand every word in the dialogues.

"La Bretagne des côtes", et la Bretagne intérieure.

Second stage French
A BBC Radio course to follow *Ensemble*

Book 2   Programmes 11–20

Course Designer   Madeleine Le Cunff
   Birkbeck College
   University of London

Producer   Susan Paton

BRITISH BROADCASTING CORPORATION

Sur le vif is a second stage French course consisting of 20 half-hour Radio programmes

PROGRAMMES 11–20

First broadcast from January 1977, Radio 3 and 4

An LP record and tape cassette containing identical material accompany this book and can be obtained through booksellers or direct from BBC Publications, PO Box 234, London SE1 3TH

Text illustrations by Harley Bishop
Maps and diagrams by David Brown and Hugh Ribbans

Published to accompany a series of programmes prepared in consultation with the BBC Further Education Advisory Council

Published by the British Broadcasting Corporation
35 Marylebone High Street London W1M 4AA

ISBN 0 563 16101 9
First published 1976. Reprinted 1979
© Madeleine Le Cunff and the British Broadcasting Corporation 1976

Printed in England by Jolly & Barber Ltd, Rugby, Warwickshire

This book is set in 10pt Univers Medium 689 Monophoto

The book

Book Two, like the first book, contains the text of the recorded dialogues, language notes, background information on France and the French, and exercises. Chapter 16 is a revision chapter and the exercises *A vous maintenant* go over structures and vocabulary learnt throughout *Sur le vif.* There is no need to do these in one sitting – take your time over them. If you find that you are unsure of your answer, you can follow up the page reference given next to the answer at the back of the book.

The LP record and cassette accompanying programmes 11–20

The LP record and cassette contain identical material: most of the interviews and all the *Compréhension* passages. There are further *Compréhension* scenes at the end of the record.

Tutor's Notes

A set of multi-lithed Tutor's Notes accompanies the course. It costs £1.20 inclusive of postage and may be obtained from: The Language Centre, Brighton Polytechnic, Falmer, Brighton, BN1 9PH, Sussex.

How to use the course

Once you have mastered the basic elements of the language you will probably feel frustrated that you understand more than you can say, and that you can only give simple, straightforward opinions and ideas when what you think and have experienced is in fact much more complex. This happens to everyone learning a language. The important thing is to keep working at the key structures – gradually you will find that it becomes easier to express yourself in different situations.

Obviously, some words and expressions will be more useful to you than others; for example, you may not think that you will need to be angry in French, but you may find it useful to be able to express your thanks and appreciation. Choose the language which seems most useful to you.

You should re-read the interviews, and go through the *Explications* before starting the exercises. The dialogue-type exercises often use structures or vocabulary from preceding chapters and this is intended to help you with revision.

You may find that the speakers talk rather more quickly than you would wish, particularly in the *Compréhension* passages, or that they have a regional accent which is more difficult to understand on first hearing. This is because the speakers are talking naturally – if you can grasp the gist of what they are saying, you will be well on the way to understanding the French.

Taking things further

In the Autumn following the end of *Sur le vif,* BBC Radio is planning to broadcast a third-year follow-up French course. Meanwhile, if you want to practise your French with other people, there will be residential courses linked to *Sur le vif.*

Details may be obtained on written request from:

> Residential Courses and Other Information (30/CE)
> BBC Broadcasting House, London, W1A 1AA

Please enclosed a stamped addressed envelope.

Pourquoi la Bretagne?

La Bretagne est une province proche des côtes anglaises – en fait Brest est moins loin de Londres que de Strasbourg ou de Marseille. La Bretagne est une unité régionale composée de 4 départements: Côtes du Nord, Ile et Vilaine, Finistère et Morbihan. Sa population totale est de 2 500 000 habitants – Rennes, sa capitale régionale, est une ville administrative, universitaire et industrielle – sa population est d'environ 200 000 habitants et elle est située en Haute-Bretagne à 350 km de Paris.

La Bretagne est une région aux visages multiples mais elle est avant tout une région maritime. La Bretagne, avec ses 3 500 km de côtes le long de la Manche et de l'Océan Atlantique, abrite de nombreux ports de pêche. La Bretagne intérieure par contre est une région avant tout agricole, située dans un paysage de collines et de rivières.

La Bretagne est un pays de traditions fortement ancrées dans la population; traditions que l'on retrouve non seulement dans la langue, le breton, dans les monuments de granit tels que les dolmens, les menhirs, les églises, les calvaires mais aussi dans le domaine gastronomique avec les crêpes et les fruits de mer.

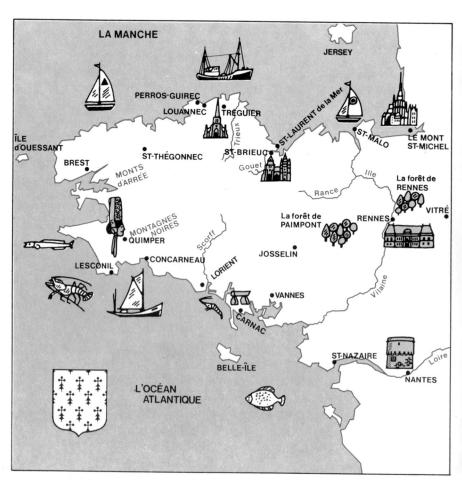

11 J'habitais une petite ville

More about the past

J'**étais** ouvrier.
J'**habitais** une petite ville.
Ma mère **tirait** le diable par la queue.
Mes parents n'**étaient** pas aisés du tout.
Ça se **passait** avant la guerre de 14.
Tout le monde **parlait** breton.

1

Nos interviewers à Rennes, Viviane Lagadec et Annick Cabillic ont fait une enquête sur la langue bretonne. Voici d'abord Viviane qui interroge Monsieur Strugeon, un cadre supérieur, d'environ cinquante ans.

Viviane	Est-ce que vos parents parlaient breton quand vous étiez petit?
M. Strugeon	Mon père parlait breton, ma mère ne parlait pas breton, mon père a appris le breton avant le français. Il a appris le français à l'école alors qu'il avait six ans à peu près.
Viviane	Et vous-même, parliez-vous breton lorsque vous étiez petit?
M. Strugeon	Non, parce que mes parents étaient de la génération des gens qui ne voulaient pas que les enfants parlent breton, on m'a donc toujours parlé français; mais comme j'habitais une petite ville où la population ne s'exprimait guère qu'en breton, j'ai appris le breton, c'est-à-dire que je comprenais le breton, mais je ne le parlais jamais.

M. Strugeon.

Viviane	Pourquoi est-ce que vos parents ne vous ont pas appris le breton?
M. Strugeon	Parce qu'à cette époque, il était bien entendu que pour réussir [succeed] dans l'existence, il fallait parler français. D'autre part, c'était les paysans qui parlaient breton; je vous ai dit que j'habitais une petite ville, et nous étions donc censés être des gens évolués, et les gens évolués ne parlaient pas breton là. A l'époque, toutes les notabilités de la ville, les médecins, les gros commerçants, tous ces gens là, s'exprimaient exclusivement en français.
Viviane	Votre femme, est-elle d'une famille bretonnante?
M. Strugeon	Ma femme est de Haute-Bretagne, c'est à dire de la partie de la Bretagne où on ne parle pas breton, mais sa mère est allée s'installer dans le pays breton, donc, c'est un petit peu le même phénomène que moi, à savoir qu'on ne lui a jamais parlé breton à la maison, mais qu'elle vivait dans un milieu où tout le monde parlait breton, ce qui fait qu'elle comprenait assez bien le breton; et, détail assez amusant, lorsqu'elle a appris le catéchisme, comme elle était la seule non-bretonnante dans son village, eh bien, ma foi comme tout le monde, elle a appris le catéchisme en breton, et même actuellement, elle est parfaitement capable de le réciter.

il était bien entendu que	*it was understood that*
nous étions censés être	*we were supposed to be*
des gens évolués	*open-minded people*
les notabilités	*anyone who is anyone*
à savoir que	*that is*

Un couple de vieux paysans bretons.

8

2

Monsieur Roy est d'une autre génération . . . Ses parents ne parlaient pas français.

Annick	Depuis combien d'années habitez-vous à Rennes?
M. Roy	J'habite à Rennes depuis dix-neuf cent vingt-deux, cela fait donc cinquante-quatre ans.
Annick	Serait-il indiscret de vous demander ce que vous faites dans la vie?
M. Roy	Maintenant voyez-vous que j'approche les soixante-quinze ans, je suis en retraite, bien entendu. Mais enfin, j'étais ouvrier, j'ai commencé à travailler en atelier en dix-neuf cent quinze, ce n'est donc pas d'aujourd'hui, voyez-vous, et je travaillais en imprimerie et c'est un métier que j'aimais énormément, et que j'ai beaucoup aimé.
Annick	Avez-vous appris le breton ou le parlez-vous comme langue maternelle?
M. Roy	C'est ma langue maternelle, et l'école m'a fait oublier le breton car j'ai connu "le symbole". C'est-à-dire la période où l'on mettait un insigne, soi-disant infamant au cou du jeune élève lorsqu'il était pris à parler breton à l'école, et il ne quittait cet insigne que s'il attrapait un autre à parler le breton. C'est-à-dire que l'on créait la délation; on apprenait aux petits Bretons à être des délateurs.
Annick	Pourquoi mettait-on un signe sur les élèves qui parlaient breton?
M. Roy	Mais tout simplement pour leur interdire de parler breton à l'école, car il fallait absolument faire disparaître toutes les langues régionales, tous les dialectes pour ne parler qu'une seule langue, le français.
Annick	Avez-vous été de bonne heure à l'école?
M. Roy	Ah, j'ai été à l'école à trois ans je pense, à l'école maternelle.
Annick	Vous avez connu l'école maternelle, c'est assez rare?
M. Roy	Oui, j'ai connu l'école maternelle, oui.
Annick	Vos parents étaient donc assez aisés? *well off*
M. Roy	Non, mes parents n'étaient pas aisés du tout. Mon père était manoeuvre tout simplement, et ma mère tirait le diable par la queue car la vie était très dure avec cinq enfants sur le salaire de manoeuvre. Et n'oubliez pas que ça se passait avant la guerre de quatorze, ce que l'on a appelé la Belle Epoque, et qui pour les familles d'ouvriers était une époque épouvantable, *dreadful* travaillant douze heures par jour et le dimanche matin.
Annick	Vos parents, parlaient-ils français?
M. Roy	Mes parents connaissaient le français mais ne parlaient jamais que breton entre eux.
Annick	Pourquoi?
M. Roy	Mais pourquoi? Parce que c'était leur langue maternelle, tout simplement.

en atelier	*in a workshop*
ce n'est pas d'aujourd'hui	*it's not recent*
j'ai connu "le symbole"	*I went through the period when Breton was banned*
pris à parler	*caught speaking*
tirait le diable par la queue	*had difficulty in making ends meet*
la Belle Epoque	*(see Informations)*

Le breton est aussi la langue maternelle de Madame Guégan.

1 Quel âge avait Madame Guégan en 1934?
2 Où est-elle née?
3 Combien de frères et soeurs avait-elle?
4 Quel était le premier métier de son père?
5 Pourquoi avait-il abandonné ce métier?
6 Qu'est-ce qu'il a fait ensuite?
7 Pourquoi la vie était-elle très dure à cette
époque-là?

Annick	Madame, êtes-vous Bretonne?
Mme Guégan	Oui.
Annick	Où êtes-vous née?
Mme Guégan	Dans les Côtes du Nord.
Annick	Quand vous étiez petite, parliez-vous le breton?
Mme Guégan	Oui, c'est la langue que j'ai parlée dès mon enfance.
Annick	Et vos parents, parlaient-ils breton?

Madame Guégan en 1934.

Mme Guégan	Oui, ils ne savaient même pas le français.
Annick	Que faisaient vos parents?
Mme Guégan	Ma mère s'occupait de ses enfants, mon père était tisserand pour commencer, et puis, par la suite, quand son métier a été, en somme, perdu, par la modernisation, par les machines, n'est-ce pas, pour faire de la toile, tout ça, eh bien, là, il a pris le métier de. . . . il cassait des cailloux.
Annick	Il était cantonnier?

'Les casseurs de pierres' par Gustave Courbet, 1850.

Mme Guégan	Pas tout à fait, mais il travaillait malgré tout pour les Ponts et Chaussées. Dans le temps, on cassait, on charroyait dans les chemins des mètres cubes de cailloux qui servaient à faire les routes: ce n'est plus comme maintenant, maintenant c'est moderne, mais à ce moment-là, pas, et alors, il cassait ces gros cailloux-là avec une masse, toute la journée. Voilà, il était payé tant au mètre cube.
Annick	Est-ce que la vie était très dure à cette époque?
Mme Guégan	Oui, très, très dure, pour casser un mètre cube de cailloux, eh bien, il avait, je crois, deux francs cinquante.
Annick	Etiez-vous nombreux dans votre famille?
Mme Guégan	Oui, mon père s'est marié deux fois; de sa première femme, il avait six enfants. Et puis de la seconde, de ma mère, nous étions trois.
Annick	Serait-il indiscret de vous demander votre âge, Madame?
Mme Guégan	Pas du tout. Je suis née en quatre-vingt-dix-neuf.

Les Côtes du Nord   Département *in the north of Brittany*
Les Ponts et Chaussées   *The part of the Ministère de l'Equipement with special responsibility for roads and bridges. The Department of the Environment has similar responsibilities in Britain.*

Explications

1
Talking about the past (see also Book 1, chapter 10)

When you want to say:
- how things *were* in the past
- what you (or other people) *were* doing
- what you *used* to do, how things *used* to be

You use the *Imperfect:*

Je parlais breton
Parliez-vous français?   (*parler*)

C'était dur
Nous étions aisés   (*être*)

Il fallait aller au catéchisme   (*falloir*)

Ils comprenaient le breton   (*comprendre*)

Here are some more examples:

La vie **était** très dure.
Mes parents n'**étaient** pas aisés.
Les gens ne **parlaient** pas breton.
Je **travaillais** en imprimerie.
J'**habitais** une petite ville.
Je **comprenais** le breton.

See pp. 40 and 63 for more information

2

When talking about the past, you use the Imperfect[1] to describe the background and the Perfect[2] to refer to an event which took place within it:

Elle **était**[1] la seule non-bretonnante, mais elle **a** quand même **appris**[2] le catéchisme en Breton.

Il **a appris**[2] le français alors qu'il **avait**[1] six ans à peu près.

3

When talking about the past, you may start your sentence with one of the following expressions, depending on how precise you want to be:

C'était en 1922
Cela se passait en 1922

if you're being precise, and giving a date.

C'était la période où . . .

Quand
Lorsque | j'étais petit . . .

if you're talking about a period of time.

Autrefois . . .
Dans le temps . . .
A cette époque (-là) . . .
A l'époque . . .
A ce moment-là . . .
En ce temps-là . . .

if you're talking generally about the past.

4

Serait-il indiscret de vous demander . . .? is a very formal way of asking for information. A less formal way of asking the same question would be one of the following:

Est-ce que vous pourriez
Pourriez-vous | me dire ce que vous faites dans la vie?
Vous voulez bien

Informations

Le breton

Dans certaines régions de France on parle aussi une autre langue que le français: le breton en Bretagne, le basque dans le Pays Basque, la langue d'Oc en Occitanie. Le breton est comme le gallois, le cornique, une langue celtique. La Bretagne, le Pays de Galles, la Cornouaille, l'Ecosse, l'Irlande sont des pays celtiques.

La Bretagne est devenue française en 1532 et pourtant, de nos jours, on parle encore breton en Basse-Bretagne (Breiz-Izel) qui est la partie occidentale de la Bretagne, à l'ouest d'une ligne Lorient - Saint-Brieuc.

Considéré pendant longtemps comme un patois, un dialecte, le breton était interdit dans la vie publique. Pour les Bretons il n'y avait pas de choix, ''il fallait parler français''. A l'école, ''l'emblême'', ''l'insigne'' dont parle Monsieur Roy était souvent un sabot de bois que les instituteurs attachaient au cou de l'élève qui parlait breton. Mais à l'église (la Bretagne est catholique) les sermons, le catéchisme étaient faits en breton.

le **BRETON**
sans peine

Par Fanch MORVANNOU

77 leçons ponctuées de sketches et d'illustrations mettent à jour les secrets du vocabulaire et de la syntaxe du Breton, mais aussi des coutumes et usages de la Bretagne.

Les disques et minicassettes offrent un complément indispensable, proposant une langue prise sur le vif, des dialogues vivants, enseignant une prononciation vérifiée sur le riche terrain des variétés dialectales.

Actuellement, environ un million de gens comprennent le breton même sans le parler dans la vie de tous les jours. A l'école, à l'Université on peut maintenant étudier le breton.

De nombreux chanteurs bretons chantent dans leur langue, comme Alan Stivell par exemple.

L'école maternelle

Les écoles maternelles sont en moyenne plus nombreuses en France qu'en Grande-Bretagne. Les enfants y vont dès l'âge de deux ou trois ans. A six ans ils entrent à l'école primaire.

Les salaires

Actuellement en France, les salaires sont en majorité mensuels, c'est-à-dire payés chaque mois.

Le S.M.I.C. (le *S*alaire *M*inimal *I*nterprofessionnel de *C*roissance), créé en 1970, est le salaire le plus bas versé à un travailleur pour quarante heures de travail par semaine. Au premier juillet 1976, il était de 1 487 francs par mois.

Depuis 1932, toutes les familles françaises reçoivent tous les mois des allocations familiales qui augmentent avec le nombre d'enfants. (Elles n'existaient pas, hélas! quand M. Roy était enfant.)

La ''Belle Epoque''

Au début du XXe siècle, avant la première guerre mondiale (la guerre de quatorze, la ''drôle de guerre'') c'est la belle époque à Paris; l'époque du chansonnier Aristide Bruant et du Chat Noir, celle du *French Cancan*, et des grands restaurants comme Maxim's . . . C'est le douceur de vivre alors que la France est dépeuplée (au 5ème rang des pays d'Europe pour sa population) et que la guerre approche.

1

Sur le vif is conducting a survey in 'Le Pays Basque' about the language 'le basque'. Here are some of the questions which have to be asked – how would *you* phrase them?

Le Pays Basque

1 You first ask your interviewee which language he/she used to speak when he/she was a child . . .
2 Then you ask him/her which language his/her parents spoke at home . . .
3 Next you want to know when did he/she learn French . . .
4 And if French had to be spoken at that time . . .
5 Finally you ask whether he/she preferred French or Basque . . .

2

Your friend is talking about his childhood – but the sentences are very mixed up. Put the right reason to the right statement and find what your friend actually said in French:

e.g. J'ai toujours eu un chien *parce que mes parents habitaient la campagne.*

WHAT

1 Je n'ai jamais eu de bicyclette
2 J'ai toujours aimé les animaux
3 Je n'ai jamais appris le catéchisme
4 Mes amis m'ont toujours taquiné
5 Je n'ai jamais appris à nager

WHY

(*il détestait l'eau*).
(*son père n'était pas catholique*).
(*ses parents étaient pauvres*).
(*ses grands-parents avaient une ferme*)
(*il avait les cheveux roux et des taches de rousseur*).

3

On a quiet evening you go through some old photographs with friends. Here are some of them:

You tell your friends

1 Where you lived and what your house was like.

2 How you used to go to school.

3 What you used to do after school.

4 What you used to do at your grandmother's on Sundays.

5 What your mother used to do on Fridays.

6 What you used to do on your holidays.

4

You didn't see your friend all last week. When you meet him you want to find out where he was. You're told all about it: but what did your friend say in French?

He tells you that:

He was on holiday in Corsica.   *J'étais en vacances en Corse*

1 Where he met some German students who are now his friends.

2 They were all at the same hotel.

3 Which was just by the sea.

4 Every day they swam together for hours.

5 When he left he took their addresses and gave them his.

6 It was really fantastic.

5

Using Annick and Monsieur Roy's conversation for inspiration, fill in the gaps in this bedtime story:

L'enfant	Raconte-moi une histoire.
Vous	Il était une fois un petit garçon qui – – – – – – – – en Bretagne. Ses parents – – – – – – – tous les deux Bretons.
L'enfant	Et lui?
Vous	Il – – – – – Breton aussi.
L'enfant	Ils – – – – – – – tous Bretons alors?
Vous	Oui – – – – – – – – – – – – – – – – – – – –. En Bretagne, à ce moment-là, on ne – – – – – – – pas français.
L'enfant	Pourquoi?
Vous	Parce que les Bretons – – – – – – – – – une autre langue qui – – – – – leur langue: le breton.
L'enfant	Les petits Bretons n' – – – – – – – – pas à l'école alors?
Vous	Si, ils – – – – – – – – à l'école et à l'école ils – – – – – – – – – le français.
L'enfant	Pourquoi est-ce qu'ils ne – – – – – – – – – – pas parler breton à l'école?
Vous	Parce qu'il – – – – – – – parler français.
L'enfant	Mais ils – – – – – – – – – deux langues?
Vous	Oui, ils – – – – – – – – – deux langues.
L'enfant	Ils en – – – – – – – de la chance!

12 Où irez-vous cet été?
Talking about the future

Je vais aller au bord de la mer.
L'année prochaine **vous serez** à la retraite.
Qu'est-ce que **tu feras quand tu seras** grande?

1

*Quels sont les projets de Gaëlle? Annick lui demande ce qu'elle va faire
pendant les vacances et aussi ce qu'elle fera quand elle sera grande.*

Annick	Et pendant les vacances, qu'est-ce que tu fais?
Gaëlle	Je vais au bord de la mer, je vais en colonie. Cette année j'irai à Saint-Etienne de Cantalès.
Annick	Et qu'est-ce que tu vas faire? Quelles sont tes activités dans cette colonie?
Gaëlle	Je vais faire du cheval, de la voile sur un lac et des randonnées en vélo.
Annick	Où iront tes parents pendant que tu iras en colonie de vacances?
Gaëlle	Ils travailleront.

Gaëlle.

Annick	Qu'est-ce que tu feras d'autre cet été?
Gaëlle	J'irai chez ma grand'mère, dans sa maison, au bord de la mer, à Saint-Laurent de la Mer.
Annick	Et qu'est-ce que tu feras chez ta grand'mère?
Gaëlle	Je me baignerai, je jouerai.
Annick	Que feras-tu quand tu seras grande?
Gaëlle	Je serai infirmière ou puéricultrice; mais si je suis puéricultrice je soignerai les enfants: par exemple des blessés, on les soigne avec de la gaze, des collants, du mercurochrome; on joue avec eux.
Annick	Est-ce que tu resteras à Rennes?
Gaëlle	Non, j'irai à Saint-Brieuc.
Annick	Pourquoi à Saint-Brieuc?
Gaëlle	Parce que j'aime bien. C'est mon pays natal.

je vais en colonie	*I'm going to a holiday camp (for children)*
des randonnées en vélo	*bicycle rides*

2

*Penser au futur c'est souvent penser aux vacances. Annick fera, l'été
prochain, un voyage en Israël. Elle parle de ce "voyage de noces":*

Annick   Je vais aller en Israël cet été parce que mon père m'a toujours parlé
d'Israël, s'est toujours intéressé aux problèmes israélo-arabes
et comme j'ai beaucoup d'admiration pour mon père, j'ai, par
conséquent, été très intéressée par tous ces problèmes. Et, d'autre
part, il s'avère que j'ai une cousine qui est française et qui était
catholique et qui est allée dans ce pays qu'elle a beaucoup
aimé; elle a travaillé durant de longs mois dans des kibbutz: elle a
commencé par traire les vaches, ensuite elle a monté la garde et
elle a fini par y retourner définitivement.

Nous partirons d'ici, probablement début juillet, et nous irons à
Paris, parce qu'il est très difficile en Bretagne de prendre un avion
pour un pays étranger, et nous prendrons un avion, non pas de
ligne régulière, mais un charter parce que nous sommes encore
étudiants et les problèmes financiers sont toujours là. Je pense que
ma cousine viendra nous attendre à l'aéroport, et, dans sa
dernière lettre, elle me disait qu'elle avait un appartement et je
pense que nous irons vivre dans cet appartement. Ensuite, nous
louerons une voiture, pour visiter un peu le Sinaï. Ensuite, c'est un
pays où il y a beaucoup de soleil. Or, en Bretagne, il pleut assez
souvent, le temps est souvent couvert, et retrouver le soleil,
je crois, nous fera énormément plaisir.

Je pense que c'est la dernière fois que nous pourrons voyager
dans les années à venir, car j'attends un bébé, et il nous sera très
difficile avec un jeune enfant de faire des voyages aussi longs,
et aussi lointains. Donc, nous comptons profiter au maximum de
ce voyage et nous garderons ce souvenir très longtemps comme
quelque chose de précieux, comme une sorte de voyage de noces.

il s'avère que   *it so happens that*
traire les vaches   *to milk cows*
monter la garde   *to mount guard*

Annick et Alain Cabillic.

3

Madame Kervazo qui est employée de bureau, sera à la retraite l'année
prochaine. Viviane lui demande quels sont ses projets:

Mme Kervazo	C'est bien difficile de donner un programme de projets même quand la retraite arrive à échéance, bien sûr. On envisage quand même des voyages, pour se distraire, pour visiter des lieux inconnus jusqu'alors parce qu'on n'en avait pas le temps matériel, et puis enfin, évidemment c'est un autre mode de vie, car, cette fois-ci on n'est plus astreint à regarder sa montre.
Viviane	Dans quels pays irez-vous vous promener?
Mme Kervazo	J'envisage dans l'immédiat de me rendre en Bulgarie.
Viviane	Pour quelles raisons avez-vous choisi la Bulgarie?
Mme Kervazo	Je me le demande moi-même, mais je voudrais voir un petit peu leur mode de vie, leur folklore qui m'intéresse énormément, leur broderie, et mon Dieu, la Turquie qui est à proximité. J'ai toujours été hantée par l'Extrême-Orient, et j'aime beaucoup toutes ces régions.
Viviane	Vous vivrez à l'hôtel?
Mme Kervazo	Oui, à l'hôtel. L'hôtel dans lequel nous descendons ne fait que chambre et petit déjeuner, et donne des tickets de restaurant ce qui nous permet de découvrir les quarante-cinq restaurants qui sont échelonnés sur la plage, longue de sept kilomètres, nous dit-on.
Viviane	Vous serez avec d'autres Français?
Mme Kervazo	Oui, nous partons en groupe de Bretons, et nous espérons, comme ça, passer agréablement notre séjour.
Viviane	Serez-vous reçue dans des familles de Bulgarie?
Mme Kervazo	J'essaierai; si je le suis, ce sera bien volontiers que j'accepterai.

(elle) sera à la retraite	*she'll retire*
arriver à échéance	*to be coming up*
être astreint à faire quelque chose	*to be compelled to do something*
l'Extrême-Orient	(see *Informations*)

Compréhension

Tous les Bretons ne s'en vont pas vers le soleil . . .

1 Où Monsieur Rannou passera-t-il ses vacances?
2 Comment voyagera-t-il?
3 Quel itinéraire suivra-t-il?
4 Dans quelle ville séjournera-t-il?
5 Que fera sa femme?

Annick	Que ferez-vous pendant vos vacances?
M. Rannou	Pendant les vacances j'irai passer quatre semaines en Angleterre.
Annick	Pourquoi en Angleterre?

M. Rannou	Eh bien, parce que je suis professeur d'anglais, ma femme aussi et que j'y compte déjà beaucoup d'amis.
Annick	Est-ce que vos enfants parleront anglais eux aussi?
M. Rannou	Certainement. Nous avons l'intention de . . . non pas de les obliger à apprendre l'anglais, mais d'essayer de les en persuader. Nous avons une fille qui apprend déjà l'anglais depuis six mois environ et qui marche très bien.
Annick	Est-ce qu'elle partira pour un échange?
M. Rannou	Dans l'immédiat, non, nous pensons qu'elle est encore trop jeune, mais elle nous accompagnera, ainsi que sa petite soeur, qui a six ans; elle nous accompagnera en Angleterre cet été, et je dois dire qu'elle a d'ailleurs séjourné déjà deux fois en Angleterre, quand elle avait six ans et quand elle avait huit ans environ.
Annick	Comment voyagerez-vous?
M. Rannou	En voiture, nous avons l'intention d'embarquer au Havre, et de débarquer le lendemain matin à Southampton, et nous ferons le voyage Southampton-Carlisle dans la journée.
Annick	Vivrez-vous à la mode anglaise?
M. Rannou	Le plus possible, oui, mais comme nous serons là-bas en famille et que nous vivrons dans une maison particulière, ce sera ma femme qui fera les courses et, bien que la nourriture soit anglaise, elle sera certainement préparée à la manière française parce que bien que nous aimions beaucoup l'Angleterre, nous préférons franchement la cuisine française.

Explications

Talking about the future

To say what you *plan* to do, you can start your sentence with:

J'ai l'intention de	partir
J'envisage de	voyager
	prendre des vacances

● You may want to be more definite about the future and say what you *are going* to do:

Cet été	**je vais aller**	en Israël.	(the present tense of *aller* + infinitive)
	j'irai		(the future tense of *aller*)
Nous	**allons partir**	début juillet.	(the present tense of *aller* + infinitive)
	partirons		(the future tense of *partir*)

● If you want to ask what someone else is going to do, you say:

| Qu'est-ce que | **tu vas faire?** |
| | **vous allez faire?** |

or

| Qu'est-ce que | **tu feras?** |
| | **vous ferez?** |

In the future tense the set of endings is the same for all verbs:
-ai, -as, -a, -ons, -ez, -ont.

For example:

Je jouer**ai** chez ma grand'mère.
Que fer**as**-tu quand tu ser**as** grande?
Ma cousine viendr**a** nous attendre.
Nous prendr**ons** un avion.
Vous ser**ez** avec d'autres Français?
Ils travailler**ont.**

These endings are added to

● the infinitive in many verbs ending in **-er**:

je *travaille*rai; tu *joue*ras; elle *regrette*ra

● the infinitive in many verbs ending in **-ir**:

je *fini*rai; tu *parti*ras; elle *sorti*ra

● the final **r** in many verbs ending in **-re**:

je *suiv*rai; tu *attend*ras; elle *comprend*ra

but some common verbs have a future which looks and sounds different from the infinitive:

aller	j'**ir**ai / tu **ir**as / il-elle **ir**a
	nous **ir**ons / vous **ir**ez / ils – elles **ir**ont
venir	je **viendr**ai etc.
faire	je **fer**ai etc.
être	je **ser**ai etc.
avoir	j'**aur**ai etc.
pouvoir	je **pourr**ai etc.
vouloir	je **voudr**ai etc.

(see reference section pages 124–7)

● After **quand**, which you often use when talking about the future, you use the *future*:

Qu'est-ce que tu feras **quand tu seras** grande?
Qu'est-ce que vous ferez **quand vous serez** à la retraite?
Où est-ce que vous irez **quand vous serez** en Bulgarie.

● You can also use the *present* tense to talk about the future, but this often makes what you're saying ambiguous:

Annick's question: *"Et pendant les vacances qu'est-ce que tu fais?"* means both *'What do you usually do during the holidays?* and *What will you do for your next holidays?'*

● The time in the future which you're talking about may be very soon, or very distant:

> tout de suite
> tout à l'heure
> ce soir
> demain
> demain, dans l'après-midi
> après-demain
> plus tard
> la semaine prochaine
> cet été / l'été prochain
> quand | tu seras grande
> lorsque | vous serez à la retraite
> en l'an 2000
▼ dans soixante ans

Les aéroports en Bretagne

Est-ce qu'il est très difficile en Bretagne de prendre un avion pour un pays étranger?

Voici tous les aéroports bretons et quelques destinations pour lesquelles il y a des vols réguliers:

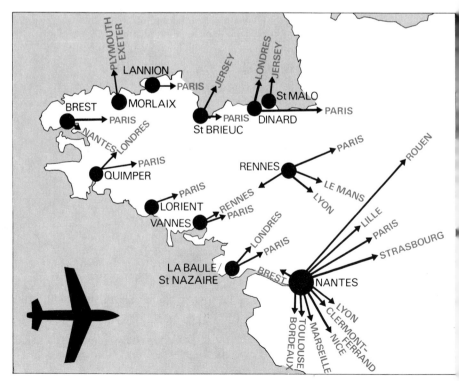

Les vacances

Les Bretons semblent passer leurs vacances ailleurs qu'en Bretagne. Et pourtant, voici ce que dit un quotidien national français de la Bretagne:

LA BRETAGNE

**Une des premières régions touristiques de France vous offre,
pour votre santé et votre plaisir:**
DES VACANCES SAINES, NATURELLES, SPORTIVES ET FAMILIALES.

- 1 500 kilomètres de côtes, réparties sur quatre départements (Côtes-du-Nord, Finistère, Ille-et-Vilaine, Morbihan.)
- Une mer dynamique, chargée d'iode.
- 200 stations avec leurs plages de sable fin.
- 100 ports de plaisance.
- 130 écoles de voile.
- Plaisance fluviale sur les canaux, les rivières et les lacs.
- Un printemps plus éclatant, plus pur et plus précoce qu'ailleurs.
- Une arrière-saison féerique, avec les coloris somptueux de l'automne.
- Un pays mystérieux, paré d'innombrables monuments.

Tous les loisirs dans une région qui a protégé son cadre de vie:

- Du nautisme de plaisance à la plongée sous-marine.
- De la pêche au saumon à l'équitation et aux promenades en roulottes.
- Du golf aux fêtes folkloriques, des menhirs au radôme.
- Du parc naturel régional d'Armorique aux innombrables forêts.

Tous les hébergements:

- 2 000 hôtels-restaurants de toutes classes.
- 600 terrains de camping – 1 200 gîtes ruraux.
- Villages de vacances – Maisons familiales de vacances.
- Auberges de jeunesse.

(Prix spéciaux en avant et arrière saison.)

Pour tous renseignements, adressez-vous dans les Syndicats d'Initiative et Offices de Tourisme.

Une plage de sable fin . . .

Un peu de géographie

En général, on appelle "Extrême-Orient" la Chine, le Japon et les Etats de l'Indochine. Le Moyen-Orient désigne l'Irak, l'Arabie et l'Iran. Le Proche-Orient comprend les pays qui bordent la Méditerranée orientale: l'Egypte, la Lybie, la Grèce, la Turquie et Israël. Pour Madame Kervazo qui habite la pointe occidentale de l'Europe, le Proche-Orient est déjà l'Extrême-Orient. Pourquoi pas!

Les colonies de vacances

Les vacances scolaires sont longues en été–dix semaines environ. Les enfants vont donc souvent en colonie de vacances, à la mer, à la montagne, à la campagne. Ces colonies durent en moyenne trois semaines à un mois et sont organisées par des établissements privés (une grande usine par exemple) ou publics (les municipalités, le Secrétariat d'Etat à la Jeunesse et aux Sports . . .). Les directeurs et moniteurs de "colos" sont souvent des professeurs, des étudiants français ou étrangers.

Exercices

1

You meet your friend's son on the bus. You start a conversation with him. How does he answer your questions?

Vous	Qu'est-ce que tu feras quand tu seras grand?
François	(says he'll be a teacher like his father)
Vous	Tu resteras en Bretagne?
François	(he may go to Grenoble)
Vous	Pourquoi?
François	(he'll then be able to go skiing)
Vous	Tu ne regretteras pas la mer?
François	(no, because he will often come back to Brittany. When he is a teacher he'll have lots of holidays)
Vous	C'est vrai.

2

Over coffee, at work, your colleagues ask you what you'll be doing next summer. All your plans are made, so what do you say when you are asked:

1 Qu'est-ce que vous ferez l'été prochain?

2 Où irez-vous exactement?

3 Qu'est-ce que vous y ferez?

4 Vous y resterez combien de temps?

AOUT
☉ 4 h 26 à 19 h 27

9	L	S. Amour	16	L	S. Armel	23	L	S⁰ Rose de Lima
10	M	S. Laurent	17	M	S. Hyacinthe	24	M	S. Barthélemy
11	M	S⁰ Claire	18	M	S⁰ Hélène	25	M	S. Louis
12	J	S⁰ Clarisse	19	J	S. Jean Eudes	26	J	S⁰ Natacha
13	V	S. Hippolyte	20	V	S. Bernard	27	V	S⁰ Monique
14	S	S. Evrard	21	S	S. Christophe	28	S	S. Augustin
15	D	ASSOMPTION	22	D	S. Fabrice	29	D	S⁰ Sabine

5 Vous y serez seule?

3

Summer is coming, you'd love to go away.
You see a very tempting advert about MERBIN-PLAGE.
Fill in the gaps, making use of the following verbs:

être, nager, se promener, retrouver, respirer

Allez à Merbin-Plage

Vous y.........bien,

vous ....l'air vif de l'océan

vous..............en toute tranquillité,

vous....................loin des voitures

En un mot, vous y.....................

la santé.

4

This child is very insistent. What does his mother say to keep him quiet?

L'enfant	Maman, on ira au cinéma ce soir?
Sa mère	(she says no, the whole family will go to the cinema next Sunday)
L'enfant	Je voudrais aller à la piscine tout seul.
Sa mère	(he'll go to the swimming pool on his own when he can swim)
L'enfant	Je peux prendre un morceau de chocolat?
Sa mère	(he'll have some chocolate after dinner)
L'enfant	Il y a un film intéressant à la télévision.
Sa mère	(he'll watch T.V. when his homework is finished)
L'enfant	Je pourrai inviter Stéphane à la maison?
Sa mère	(he'll invite Stéphane if he works well at school)

5

You've just got engaged, and you're getting used to saying 'nous'.
You and your fiancé(e) have been chosen to answer a questionnaire about
what you expect life to be like when you're married:

SONDAGE
"LES NOUVELLES DE L'OUEST"
votre quotidien du soir

Jeunes fiancés – comment voyez-vous votre vie à deux?

	OUI	NON
ENFANTS	✓ (2, dans 5 ans)	
LOGEMENT appartement maison avec jardin	✓	✗
TRAVAIL	✓	
ACTIVITÉS COMMUNES	✓ (beaucoup)	
LOISIRS cinéma théâtre sport voyages	✓ (souvent) ✓ ✓ (un peu)	✗

---

a What questions were you asked?
   e.g. Combien d'enfants aurez-vous?

b What answers did you give?
   e.g. Nous aurons deux enfants dans cinq ans.

13 Si vous aviez le choix . . .

Talking about what you would do if . . .

> **Je resterais** à Tréguier.
> **Roger préférerait** une maison au bord de la mer.
> **Nous irions** en Amérique.

1

Annick demande à Madame Vuoso, commerçante à Tréguier depuis 16 ans, ce qu'elle ferait pour sa ville si elle en avait les moyens:

Annick	Que faites-vous dans la vie, Madame?
Mme Vuoso	Je tiens un commerce à Tréguier, petite ville bretonne, au nord des Côtes du Nord.
Annick	Quelle sorte de commerce?
Mme Vuoso	C'est un commerce ''cadeaux et articles de ménage''.
Annick	Pourriez-vous nous décrire Tréguier?

Mme Vuoso Tréguier est tout petit, mais c'est très joli. C'est une petite cité très ancienne, et les gens y sont simples, accueillants, mais quand même réservés sur les étrangers, mais le Breton de Tréguier, quand il a adopté quelqu'un, c'est pour la vie.

Annick S'il vous arrivait d'avoir les moyens, que feriez-vous pour Tréguier?

Mme Vuoso Pour Tréguier, je crois que le principal objectif serait de faire une plage au port naturel qui s'y trouve, parce que Tréguier est un site privilégié, mais il n'y a pas de plage pour les enfants. Il y a un port, mais les enfants sont obligés d'aller avec leurs parents à la plage la plus proche qui est à six kilomètres. Et, malgré la vie moderne et le nombre de véhicules, certaines familles n'ont pas encore la chance d'avoir une voiture, et les enfants sont donc privés de se rendre à la plage.

Annick Pourriez-vous nous parler de la côte?

Mme Vuoso La côte bretonne? Elle est très découpée, très étendue, elle est très belle.

Annick Que pensez-vous du climat breton?

Mme Vuoso Le climat breton, je n'en dirai pas de mal mais je n'en dirai pas de bien.

Annick Si vous aviez le choix, changeriez-vous votre mode de vie? Iriez-vous vivre ailleurs?

Mme Vuoso Je ne pense pas, je resterais à Tréguier car j'y ai mes habitudes et mes amis maintenant. Si j'avais les moyens et la possibilité, nous irions en Amérique, c'est mon rêve. J'aimerais voir les grands buildings, les grandes rues que je vois au cinéma, il me semble que c'est grandiose et fantastique.

un commerce ''cadeaux et articles de ménage''	see *Informations*
réservés sur les étrangers	*reserved towards outsiders*
avoir les moyens	*to have the means*
être privé de	*to be denied*
je n'en dirai pas de mal mais je n'en dirai pas de bien	*I won't say anything for it and I won't say anything against it*

2

Des amis d'Annick, Martine et Roger Sanquer n'ont pas les mêmes goûts: Martine préférerait aller habiter en montagne, Roger, lui, resterait en Bretagne . . . si on leur proposait d'aller vivre ailleurs.

Annick Est-ce que vous changeriez de ville si on vous le proposait?

Martine Mais enfin, Roger et moi, ne sommes pas du même avis: je préférerais aller habiter en montagne, dans un petit chalet et Roger préférerait une maison au bord de la mer, je suppose.

Roger Oui.

Annick Roger, pourquoi aimerais-tu vivre au bord de la mer?

Roger Bon . . . la mer m'attire beaucoup et puis les activités qu'il y a autour de la mer: la voile, faire du bateau, les coquillages, la pêche . . .

Annick Mais choisirais-tu la Bretagne ou une autre côte de France?

Roger	La Bretagne essentiellement puisque . . . bon . . . ben . . . j'ai des origines bretonnes et que j'aime la Bretagne.
Annick	S'il vous était donné la possibilité de voyager, où aimeriez-vous aller?
Roger	Ben . . . Martine, bon, puisqu'elle est en faculté, en anglais désirerait donc vivre quelque temps en Angleterre. Par contre, moi, pour suivre un peu Martine, je préférerais aller au Canada.
Annick	Ne crois-tu pas qu'au Canada il y aurait des problèmes d'adaptation?
Roger	Certainement, oui.
Annick	Mais ça te plairait quand même?
Roger	Ça me plairait quand même de tenter l'expérience, oui.
Annick	Et Martine, où aimerais-tu aller?
Martine	J'aimerais aller en Ecosse, j'aimerais visiter l'Irlande.
Annick	As-tu déjà été en Angleterre?
Martine	Oui, je suis déjà allée en Angleterre plusieurs fois, mais j'aimerais retourner pour visiter beaucoup mieux certaines régions, j'aimerais mettre en pratique l'anglais que j'apprends depuis tant de temps, je crois que c'est la raison principale.
Annick	Et le Canada, ça ne te tente pas?
Martine	Si, le Canada, ça me plairait beaucoup, mais pour y passer des vacances, enfin, pas pour . . . pas dans un but professionnel.
Annick	Pourquoi?
Martine	Parce que justement on y parle le français, et ce serait trop facile pour moi. Je préférerais l'Angleterre.
Annick	Mais c'est un pays totalement différent, ne crois-tu pas?
Martine	Oui, mais je crois que la raison essentielle de mon choix est que je veux parler l'anglais que j'ai appris, et que l'anglais qu'on parle au Canada n'est pas le même que celui que j'apprends en faculté et que ce sont les Anglais de l'Angleterre qui m'intéressent et non pas les Anglais du Canada.

au bord de la mer	*by the sea*
qui est en faculté, en anglais	*who is reading English at University*
depuis tant de temps	*for so long*

Alignements de Kermario dans le Morbihan.

Compréhension

Michel Renouard, qui a écrit un guide de la Bretagne, parle de sa région:

1 Comment est la côte bretonne?
2 Comment est la Bretagne intérieure de nos jours?
3 Comment était-elle autrefois?
4 Quelle partie de la Bretagne préfère-t-il?
5 Pourquoi?

La Bretagne est une sorte de presqu'île qui s'avance dans la mer; par conséquent, un des grands facteurs de la Bretagne, bien sûr, c'est d'abord sa côte qui est très découpée, très tourmentée, avec une grande multitude d'îles qui se trouvent au large, et l'intérieur qui est composé d'une région beaucoup plus rurale bien entendu, avec des petites montagnes, mais ce sont des montagnes qui sont très peu élevées puisqu'elles dépassent rarement trois cents mètres d'altitude. Dans le passé tout le centre de la Bretagne était composé par une grande forêt, qui aujourd'hui s'appelle la forêt de Paimpont. C'était une forêt qui couvrait pratiquement toute l'étendue de l'intérieur de la Bretagne. La Bretagne des côtes, bien sûr, va surtout intéresser les gens qui s'intéressent à la mer, qui s'intéressent aux paysages tourmentés, qui s'intéressent aux plages . . . mais, personnellement je préfère la Bretagne intérieure beaucoup plus mystérieuse, beaucoup plus attachante, beaucoup plus renfermée sur elle-même mais par là-même, me semble-t-il, beaucoup plus séduisante et beaucoup plus difficile également à découvrir.

Explications

1
● When you're saying what you *would like* you use the conditional tense – when shopping, for example, you say:

Je voudrais 250 grammes de dattes. (see Book 1, chapter 6)
Je voudrais offrir des fleurs.

● You're also using the conditional tense when you're asking somebody if they *would* or *could* do something for you:

Est-ce que **vous pourriez** garder Estelle, s'il vous plaît? (see Book 1, chapter 5)
Voudriez-vous me passer le sel, s'il vous plaît?
Pourriez-vous nous décrire Tréguier?

● More generally, you use the conditional to say what you or someone else *would do,* or *would like*:

Je préférerais un chalet en montagne.
Est-ce que **tu ferais** de la voile?
Ce serait formidable.
Nous irions au Canada.
Est-ce que **vous voudriez** venir ce soir?
Ils arriveraient plus tôt s'ils avaient une voiture.

● The conditional is a combination of the *future* and the *imperfect*: the endings are the same as the endings of the imperfect, the main part of the verb is the same as the main part of the future.

	conditional	future	imperfect
Je	**préférerais**	**préférer**ai	préfér**ais**
Tu	**ferais**	**fer**as	fais**ais**
Ce	**serait**	**ser**a	ét**ait**
Nous	**irions**	**ir**ons	all**ions**
Vous	**pourriez**	**pourr**ez	pouv**iez**
Ils	**arriveraient**	**arriver**ont	arriv**aient**

See pp. 40 and 63 for more information

2

To say what you or somebody else *would* do – *if things were different* – you start your sentence with *si*, followed by a verb in the imperfect.[1] The second verb is in the conditional:[2]

Si vous **aviez**[1] le choix	est-ce que **vous changeriez**[2] de ville?
Si on vous le **proposait**[1]	**changeriez-vous**[2] de mode de vie?

Madame Vuoso answered Annick's question *"Si vous aviez le choix, changeriez-vous votre mode de vie?"* in this way:

"Si j'avais[1] les moyens, **nous irions**[2] en Amérique."
(*nous* for "mon mari et moi")

Informations

Un commerce (de) cadeaux et (d)'articles de ménage

Quand on se promène dans la rue principale d'une ville de province en France, on est souvent frappé par le nombre de pâtisseries et de magasins "Cadeaux-articles de ménage" qui paraissent très luxueux de l'extérieur.

L'équivalent de ces derniers magasins n'existe pas vraiment en Grande-Bretagne. On y trouve à la fois l'utile et l'agréable, le nécessaire (les articles de ménage) et le superflu (les cadeaux). Les vitrines exposent les dernières trouvailles (les gadgets) pour la maison: le cache-téléphone, le cendrier inodore . . . et les "services" de table (44 pièces ou davantage) en porcelaine de Limoges, en faïence de Quimper. C'est aussi dans ce genre de magasins que les futurs mariés déposent leur *liste de mariage*, c'est-à-dire la liste des cadeaux qui leur seront offerts par leurs parents et amis.

La Faculté

Autrefois, l'Université française était divisée en facultés; dans chaque université, il y avait une faculté de Sciences, une faculté de Droit . . . Depuis 1968 les choses ont changé, et maintenant l'on nomme U.E.R. (*U*nité d'*E*nseignement et de *R*echerche) ce que l'on appelait autrefois faculté, département ou institut. Il y a 783 U.E.R., dont 13 sont à Paris, à l'heure actuelle.

Malgré ces nouvelles appellations on entend souvent dire "je suis à la fac. d'anglais", ou "je suis encore en fac.".

Tréguier est une petite ville située au nord de la Bretagne, dans la région du Trégor à 116 km de Brest et à 58 km de Saint-Brieuc, (voir page 6). Elle a environ 4 000 habitants et a gardé son caractère de ville ancienne avec ses vieilles rues, ses couvents . . . Sa cathédrale qui date des XIVᵉ et XVᵉ siècles est un des plus beaux édifices gothiques de Bretagne.

Tréguier. Vieilles maisons sur le quai et l'ancienne porte de la ville.

1

A travel agency is doing a survey on exotic countries people would like to visit.

You're being asked about your dream journey – from the following verbs, fill in the gaps in the conversation:

aimeriez, allais, arriveriez, aurais, choisirais, choisiriez, comprendrais, iriez, iriez, poserait, préférerais, proposait, pourriez, retrouverais, serais, serais, serait, serait, voudrais, voudriez

L'enquêteur	Et vous Madame/Monsieur, si on vous - - 1 - - de faire le voyage de vos rêves, où - - 2 - - -vous?
Vous	J' - - 3 - - beaucoup de mal à choisir. Il y a tellement de pays que je - - 4 - - visiter!
L'enquêteur	- - 5 - - -vous un pays chaud ou un pays froid? - - 6 - - -vous vers l'ouest ou vers l'est?
Vous	Je crois que je - - 7 - - aller vers un pays chaud.
L'enquêteur	Vous - - 8 - - aller en Afrique par exemple?
Vous	Peut-être! De toutes façons, je - - 9 - - un pays où l'on parle français.
L'enquêteur	Pourquoi?
Vous	Parce que je - - 1 0 - - perdu(e) dans un pays où je ne - - 1 1 - - pas la langue.

L'enquêteur	Mais vous - - ¹ ² - - apprendre la langue du pays avant de partir.
Vous	Ce - - ¹ ³ - - trop long et j'en - - ¹ ⁴ - - incapable, je suis trop vieux/vieille.
L'enquêteur	Mais non, voyons. Vous y - - ¹ ⁵ - - comme tout le monde.
Vous	Non, je ne crois pas. Si j' - - ¹ ⁶ - - aux Antilles et plus particulièrement à la Martinique le problème ne se - - ¹ ⁷ - - pas puisqu'on y parle français.
L'enquêteur	Vous - - ¹ ⁸ - - aller à la Martinique?
Vous	Oui, beaucoup. Ce - - ¹ ⁹ - - pour moi l'occasion de faire un beau voyage et, de plus, j'y - - ² ⁰ - - mon ami d'enfance qui travaille là-bas.

2

Your friend is trying to tempt you to visit him/her. This is the first part of the invitation – but how does the rest of it sound in French?

SI VOUS VENIEZ CHEZ MOI . . .

1 he/she'd offer you a drink
2 he/she'd cook you a good meal
3 he/she'd show you some very nice photographs
4 he/she'd sing and play cards with you
5 he/she'd read you some fantastic poems (*le poème*)

3

What would you say (and you're being polite) to your hostess if she asked you:

Votre hôtesse	Vous voulez encore de la soupe?
Vous	(you'd like some more)
Votre hôtesse	Je vous sers un peu de mayonnaise?
Vous	(you'd like some)
Votre hôtesse	Du sel, du poivre?
Vous	(you'd like some salt)
Votre hôtesse	Vous voulez quelque chose?
Vous	(you'd like to drink some water)
Votre hôtesse	Qu'est-ce que je vous sers?
Vous	(you'd like to taste one of the 'spécialités bretonnes')
Votre hôtesse	Et pour terminer, du café?
Vous	(you'd like some coffee)

4

Make some sense out of these wild propositions – in French:

Si j'étais riche	on chanterait tout le temps.
Si elle avait mal aux yeux	je serais heureux/heureuse.
Si je savais le turc	j'achèterais un bateau.
Si on était libre	elle porterait des lunettes.
Si tu m'aimais	j'irais en Turquie.

14

Qu'est-ce que vous voulez, une femme s'y fait . . .

Talking about your life: past, present, future

Mon mari **est** marin-pêcheur,
Il **aime** ça.
S'il m'**écoutait** . . .
il me **donnerait** quelques jours,
et là, **je serais** heureuse.

1

Dans toutes les familles bretonnes il y a des marins. Mais comment vit un marin-pêcheur? C'est ce qu'Annick demande à Henri Le Brenn, sur les quais du port de Lesconil.

Annick	Que faites-vous dans la vie?
Henri	Je suis pêcheur depuis mes quinze ans, de la sortie de l'école primaire.
Annick	Les Bretons deviennent-ils pêcheurs par vocation ou par nécessité?
Henri	Il y a les deux, il me semble: par vocation parce que nous sommes pêcheurs un peu de père en fils, par nécessité aussi parce que la Bretagne, il faut le dire, n'est pas industrialisée comme elle aurait dû être, et c'est un peu pour le jeune la voie du salut pour gagner sa vie.
Annick	Est-ce que vous aimeriez faire un autre métier?
Henri	Disons que j'étais un très bon élève à l'école primaire, je crois que j'aurais aimé par exemple être instituteur ou professeur si j'avais pu.
Annick	Si vos enfants vous demandaient conseil pour être pêcheurs, que leur diriez-vous?
Henri	Je leur dirais très simplement que le métier de pêcheur, ma foi, c'est un métier qui est trop dur, trop pénible et je leur conseillerais de s'orienter vers un métier qui se pratique à terre.
Annick	Est-ce que vous avez un bateau à vous?
Henri	J'ai un bateau entre mon beau-frère et moi, depuis mille neuf cent soixante et un.
Annick	Est-ce que ça a été dur de l'acheter et de le payer?
Henri	Disons que nous avons travaillé pratiquement cinq ans nuit et jour, pour ainsi dire, pour arriver à nos fins, et à l'époque c'était bien plus facile qu'actuellement.
Annick	Est-ce que vous partez tous les jours?
Henri	Tous les jours, tous les jours, tous les jours.
Annick	Est-ce qu'il vous arrive de partir pendant de longs mois?
Henri	Non, pas du tout. Je pars le lundi de chez moi et je rentre le samedi.
Annick	Pourriez-vous nous décrire une de vos journées en mer, par exemple, qu'avez-vous fait hier?

Henri	La journée d'hier? Oh, ben . . . nous avons quitté le port de Concarneau à une heure du matin et nous sommes rentrés ce matin à deux heures et quart, ce qui nous fait, quand même, disons, vingt quatre heures sur vingt quatre.
Annick	Et votre femme, que pense-t-elle de votre métier?
Henri	Ma foi, au début, avant notre mariage, je me rappelle qu'elle avait dit tout simplement que pour rien au monde elle ne se serait mariée à un marin-pêcheur, et puis, ma foi, qu'est-ce que vous voulez, une femme s'y fait; il y a deux enfants à nourrir, il faut bien que le père travaille. Elle s'est fait une raison, et puis, elle est vraiment une femme de marin quoi, avec tous ses aléas . . .
Annick	Est-ce que vous restez avec votre femme les jours de fête, lorsque vous êtes à terre?
Henri	Ben . . . ça dépend. Comme j'aime bien le football, ma foi, je vais voir le football!
Annick	Et votre femme, que dit-elle de ça?
Henri	Elle n'est pas toujours très d'accord!

de la sortie de l'école primaire	*ever since I left primary school*
comme elle aurait dû (l')être	*as it should have been*
la voie du salut	*the way to salvation*
si j'avais pu	*if I had been able to*
s'orienter vers un métier	*to turn to a job*
j'ai un bateau entre mon beau-frère et moi	*my brother-in-law and I own a boat between us*
arriver à nos fins	*reach our aim*
pendant de longs mois	*for months on end*
pour rien au monde	*for nothing in the world*
une femme s'y fait	*a woman gets used to it*
se faire une raison	*resign oneself*

2

On dit souvent "femme de marin, femme de chagrin". Est-ce que Madame Le Bastard, dont le mari est pêcheur, est contente de sa vie?

Annick	Votre mari, que fait-il?
Mme Le Bastard	Mon mari est marin-pêcheur. Après avoir été marin de l'Etat et marin de commerce, il termine jusqu'à la retraite dans le métier de pêcheur.
Annick	Etes-vous inquiète quand il part en mer?
Mme Le Bastard	Par mauvais temps, oui, et . . . en général non, quand même, parce que c'est un bon marin, un très bon marin, et je n'ai pas peur pour lui, j'ai surtout peur du mauvais temps.
Annick	Est-ce que vous aimeriez partir en mer avec votre mari?
Mme Le Bastard	J'aimerais beaucoup car je m'ennuie toute seule à la maison étant donné que je n'ai plus mes enfants, mais je ne suis pas vraiment une femme de pêcheur et je crois que c'est au point de vue santé que je ne peux pas: j'ai froid à bord, mes doigts meurent, je me réfugie dans la cabine, alors je ne vois pas que pour lui ce soit intéressant.
Annick	Et vos enfants, n'ont-ils pas fait ce métier?
Mme Le Bastard	Ils le font par plaisir, mais je ne pense pas qu'ils voudraient le faire par métier. Je leur en dis tellement de . . . , pas de mal, mais je leur dis que c'est tellement dur que j'essaie de les dissuader aussi.

Albert Le Bastard sur son bateau.

Annick	Etes-vous heureuse d'être une femme de pêcheur?
Mme Le Bastard	Non. Du tout, du tout, du tout. Tout son temps est passé autour de son bateau, la vente de sa pêche, et à aider les autres marins autour de leurs bateaux. Je crois qu'il rentre à la maison parce qu'il faut rentrer pour manger, pour dormir, me voir aussi, bien sûr, mais s'il pouvait rester sur son bateau, je crois qu'il y passerait pas mal de jours et de nuits sans rentrer, tellement il aime voir l'eau; il ne la voit jamais assez.
Annick	Si vous pouviez changer quelque chose à votre vie actuelle, que feriez-vous?
Mme Le Bastard	Au mois de septembre, mon mari va avoir sa retraite puisqu'il va avoir cinquante-cinq ans et s'il m'écoutait, il aurait un bateau beaucoup plus petit, ou, il n'irait pas tous les jours à la pêche, ou, il continuerait un peu, bien sûr puisqu'il aime ça et pour passer son temps, mais ou, aussi, il me donnerait quelques jours pour qu'on en profite tous les deux quoi, et là, je serais heureuse.

au point de vue santé	*for health reasons*
mes doigts meurent	*my fingers go numb*
je ne vois pas que pour lui ce soit intéressant	*I don't see how it can be of any use to him*
pour qu'on en profite tous les deux	*so we can both enjoy them together*

Arlette est aussi une femme de marin-pêcheur:

1 Que faisait son mari avant d'être pêcheur?
2 Pourquoi est-il reparti en mer?
3 Combien de temps passe-t-il en mer? Et à la maison?
4 Que font Arlette et son mari quand ils sont ensemble?
5 Est-ce qu'Arlette est heureuse?

Annick	Est-ce qu'il a toujours été pêcheur?
Arlette	Non, il a commencé à la Marine marchande, et depuis qu'on a fait la maison il fallait de l'argent, alors il est reparti en mer. Il dit qu'il n'y a que là qu'on gagne de l'argent.
Annick	Est-ce qu'il aime la mer?
Arlette	Ben, non, il n'aime pas la mer, mais il faut bien payer la maison, hein?
Annick	Et quand part-il?
Arlette	Ah, ben, il travaille quatre mois, il revient deux mois à la maison.
Annick	Et lorsque ton mari revient, que faites-vous?
Arlette	Rien, je ne sais pas où passe le temps, je ne fais rien du tout!
Annick	Tu restes donc avec lui, vous vous promenez . . .
Arlette	Ah oui, oui . . .
Annick	Et si tu pouvais changer quelque chose à ta vie, que ferais-tu?
Arlette	Je me trouve très bien comme je suis – à part mon mari qui est éloigné plusieurs mois de l'année de la maison; mais quand il est là, c'est une nouvelle lune de miel qui recommence.

Arlette et son mari le jour de leur mariage.

Revision

When people are talking about themselves, their families, their opinions and ambitions, they tend to use a combination of present, past, future and conditional tenses – sometimes in the same sentence. In the interviews with Henri Le Brenn and Madame Le Bastard there is a combination of:

1

The present – to say what usually happens and to describe the present state of affairs:

J'ai froid.
Mes doigts meurent.
Je me réfugie dans la cabine,
Mon mari est marin-pêcheur.
Il aime ça.
C'est un métier qui **est** trop dur.
Ils le **font** par plaisir.

2

The future – to say what will happen you can either use the present tense of *aller* plus the infinitive:

Au mois de septembre **mon mari va avoir** | sa retraite.
| 55 ans.

or the *future tense:*

Au mois de septembre **mon mari** | **sera** à la retraite.
| **aura** 55 ans.

3

The imperfect – to give background information and to describe how things used to be:

J'étais un très bon élève à l'école primaire.
C'était plus facile que maintenant.

4

The perfect – to refer to one particular event in the past – what you did, for example:

Qu'**avez-vous fait** hier?
Nous avons quitté le port à une heure du matin.
Nous sommes rentrés ce matin à deux heures et quart.

5

The conditional – to say what you would do, or say:

Je leur **dirais** très simplement. . . .
Je leur **conseillerais** de s'orienter vers un métier qui . . .
Il y **passerait** pas mal de jours et de nuits . . .
(S'il m'écoutait) **il** me **donnerait** quelques jours . . . et là **je serais** heureuse.

Here is one of Madame Le Bastard's long sentences, with a combination of different tenses:

Je crois qu'**il rentre** à la maison parce qu'**il faut** rentrer pour manger, pour dormir, me voir aussi, bien sûr, mais s'**il pouvait** rester sur son bateau, **je crois** qu'il y **passerait** pas mal de jours et de nuits sans rentrer, tellement **il aime** voir l'eau; **il** (ne) la **voit** jamais assez.

Word order

When you use more than one pronoun in a sentence, you must put them in a certain order:

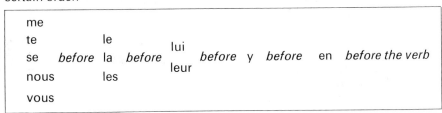

So

Gérard offre les fleurs à son amie.
　　　　　les 　　**lui**

becomes

Gérard **les lui** offre.

Gérard n' offre pas les fleurs à son amie.
　　　　　　　　les 　　**lui**

becomes

Gérard ne **les lui** offre pas.

Je dis à mes enfants tellement (de mal) de ce métier . . .
　　leur 　　　　　　　　　　**en**

becomes

Je **leur en** dis tellement (de mal) . . .

Il passerait pas mal de jours et de nuits sur son bateau.
　　　　　　　　　　　　　　　　　　y

becomes

Il **y** passerait pas mal de jours et de nuits.

n.b. when the verb is followed by an infinitive, the pronouns come immediately before the *infinitive:*

Je voudrais voir mes amis ce soir.
　　　　　　les

becomes

Je voudrais **les** voir ce soir.

Je dis à mes enfants que c'est tellement dur que j'essaie de dissuader
　　leur

mes enfants de faire ce métier.
les 　　　　**en**

becomes

Je **leur** dis que c'est tellement dur que j'essaie de **les en** dissuader.

"Mon mari est marin-pêcheur après avoir été marin de l'Etat et marin de commerce."

Quand on choisit la vie de marin on a le choix entre plusieurs carrières:

On peut être marin-pêcheur, c'est-à-dire travailler sur un bateau de pêche qui fait de la pêche *côtière* (le long des côtes comme le fait Henri Le Brenn) ou de la pêche *hauturière* (très loin comme le mari d'Arlette qui va jusqu'aux côtes d'Afrique).

La côte bretonne fourmille de ports de pêche. Les plus importants sont Concarneau et Lorient.

On peut aussi choisir la marine de commerce, c'est-à-dire travailler sur les cargos, les paquebots, les pétroliers.

On peut enfin "s'engager" dans la Marine Nationale appelée quelquefois la Royale. Brest et Lorient sont (avec Toulon sur la côte méditerranéenne) les ports de guerre français les plus importants. C'est là que sont basés les grands porte-avions et les sous-marins.

De père en fils. . . .

La pêche en Bretagne est encore une entreprise familiale. Henri Le Brenn a acheté son bateau avec son beau-frère. Mais comment s'appellent les différents membres d'une même famille?

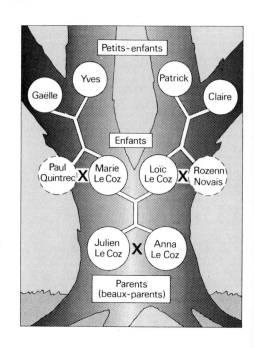

Gaëlle et Yves sont les *neveux* de Rozenn.

Claire est la *nièce* de Paul et de Marie.

Yves et Patrick sont les *petits-fils* d'Anna et de Julien.

Gaëlle et Claire, leurs *petites-filles*.

Gaëlle et Patrick sont *cousins*.

Rozenn est la *belle-soeur* de Marie, Paul est le *beau-frère* de Loïc.

Paul est le *gendre/beau-fils* d'Anna et de Julien.

Rozenn est leur *bru/belle-fille*.

La retraite

L'âge de la retraite varie selon les professions. Les fonctionnaires, qu'ils soient militaires ou non, peuvent prendre leur retraite à 55 ans (un instituteur, un militaire de carrière, un employé de la S.N.C.F. par exemple). On peut toutefois dire que l'âge de la retraite est 60 ans pour la plupart des professions sauf pour ceux qui travaillent dans le secteur privé (le commerce, l'industrie) où l'âge de la retraite est 65 ans.

Exercices

1

Re-read the conversation between Madame Le Bastard and Annick (on pages 37–38) and answer the following questions:

1 Pourquoi Madame Le Bastard s'ennuie-t-elle à la maison?
2 Pourquoi n'est-elle pas "vraiment une femme de pêcheur"?
3 Que dit-elle du métier de pêcheur à ses enfants?
4 D'après elle, à quoi son mari passe-t-il son temps?
5 Pourquoi rentre-t-il quand même à la maison?
6 Qu'est-ce qui va se passer au mois de septembre?
7 Que ferait son mari s'il l'écoutait?

2

a Votre femme est médecin.

Which questions were you asked?

1	.... ?	Oui, ma femme travaille.
2	.... ?	Elle est médecin.
3	.... ?	Oui, bien sûr. Pourquoi les femmes ne devraient-elles pas travailler?
4	.... ?	Oui, sauf au moment de la naissance de nos deux enfants.
5	.... ?	Non, parce que si elle restait à la maison elle s'ennuierait. C'est une femme très active.
6	.... ?	Oui je changerais de métier, mon travail me prend beaucoup trop de temps.

2

b Votre mari est chauffeur de camion.

Which questions were you asked?

1 .... ? Non, je ne suis pas inquiète parce que c'est un bon chauffeur.

2 .... ? Non, pas vraiment, mais il faut bien gagner sa vie.

3 .... ? Non, j'aimerais le voir plus souvent.

4 .... ? Oui, je peux même dire qu'il passe tout son temps à la maison quand il ne travaille pas.

5 .... ? ¨Oh! Oui. Le passé, c'était le bon temps.

6 .... ? Parce que nous n'avions pas de soucis d'argent et nous étions ensemble plus souvent.

7 .... ? Oh! Je ne sais pas ce que je ferais. De toutes façons, je crois que c'est trop tard.

3

Here are personal details about Jean Le Bozec and Anne Hyaric:

	Le Bozec Jean	Hyaric Anne
Name	Le Bozec Jean	Hyaric Anne
Sex	M	F
Age	40	32
Address	2 place Bisson, Rennes.	35 route de Bénodet, Quimper.

OCCUPATION

During the last 5 years	publicity manager	teacher
Before that	shopkeeper	secretary
Ideal occupation	actor	journalist

TYPICAL DAY
Morning

Afternoon

Evening

YESTERDAY

TYPICAL DAY
Morning

Afternoon

Evening

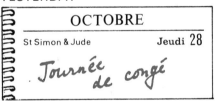

YESTERDAY

OCTOBRE

St Simon & Jude — Jeudi 28

Journée de congé

WIFE'S FEELINGS
ABOUT HIS JOB

HUSBAND'S FEELINGS
ABOUT HER JOB

a Assuming that you are Jean Le Bozec,
b Assuming that you are Anne Hyaric,

How would you answer these questions?

1 Quel âge avez-vous?
2 Que faites-vous dans la vie?
3 Est-ce que vous aimeriez faire un autre métier?
4 Pourriez-vous me décrire une journée de travail?
5 Hier, par exemple, qu'est-ce que vous avez fait?
6 Et votre femme/mari que pense-t-elle/il de votre métier?

Qu'est-ce que vous lisez comme journal?

Talking about the newspaper you read

Habituellement je lis *Ouest-France*.
En général, les bandes dessinées . . .
puis je vérifie les grands titres pour
   savoir si le monde tourne . . .
Je reviens sur la politique générale
   parce que ça m'intéresse.

1

Annick et Viviane ont fait un petit sondage sur la presse. Elles ont demandé à plusieurs personnes quels journaux elles lisent. Voici comment Monsieur Rannou, professeur, répond aux questions d'Annick:

Annick	Qu'est-ce que vous lisez comme journal?
M. Rannou	Habituellement, je lis le journal régional *Ouest-France*.
Annick	Quand le recevez-vous?
M. Rannou	Je le reçois tous les matins, à l'heure du petit déjeuner.
Annick	Est-ce que votre femme lit ce journal?
M. Rannou	Oui, elle le lit le matin, en prenant le petit déjeuner au lit, très souvent, et il lui arrive également de le lire à d'autres moments de la journée, quand elle a un moment pour se détendre. Elle regarde, en particulier, le soir, les programmes de télévision, moi aussi d'ailleurs.

il lui arrive . . . de lire   *she sometimes reads*

2

Madame Oudry qui est institutrice lit aussi Ouest-France:

Viviane	Quand vous achetez *Ouest-France,* quels sont les premiers articles que vous lisez?
Mme Oudry	Eh bien, d'abord rapidement la politique générale, puis j'en arrive aux nouvelles locales, ensuite le programme de télévision, ça c'est la première lecture du matin, et dans la journée, à moments perdus, je reviens sur la politique générale.

à moments perdus   *at odd moments*

3

Monsieur Oudry est bibliothécaire. Lit-il les mêmes articles que sa femme? Voici comment il répond à la première question de Viviane: ''quels sont les articles que vous lisez dans Ouest-France?''

M. Oudry	En général, les bandes dessinées, ensuite les *Pour vous Madame* – la page *Pour vous Madame*, parce qu'il y a toutes

sortes de proverbes, de recettes culinaires, enfin de choses très amusantes pour la vie de tous les jours, et puis je vérifie les grands titres de la politique pour savoir si le monde tourne toujours aussi bien ou aussi mal.

Viviane	Lisez-vous d'autres quotidiens que le journal local *Ouest-France*?
M. Oudry	Ah, quand je voyage, je prends toujours le quotidien de l'endroit où je me trouve, toujours. Quand je voyage en Franche-Comté, chez moi, je lis *L'Est Républicain* ou *Le Comtois*, et, en cours de route, j'achète en général les journaux où je passe.
Viviane	Lisez-vous des quotidiens nationaux?
M. Oudry	Des quotidiens nationaux, non.
Viviane	Pas du tout?
M. Oudry	Non, pas du tout. J'en lis au hasard mais enfin pas systématiquement, j'alterne, mais je ne les achète pas, je ne suis pas abonné, et ce ne sont jamais les mêmes; j'en achète un tous les deux jours, à peu près.
Viviane	Pourquoi ne lisez-vous pas de quotidien national alors que vous lisez un quotidien régional?
M. Oudry	Parce qu'au fond, je n'ai pas beaucoup de temps, parce qu'au fond aussi la radio, la télévision donnent suffisamment les grands titres, et puis, pour le dire très franchement, quand on a lu un grand journal pendant trois semaines et qu'on est un peu informé de la situation mondiale, de la situation locale, de la composition de l'équipe dirigeante, on sait d'avance ce qu'on y trouvera.

les bandes dessinées	*strip cartoons*
Pour vous Madame	*Women's page in Ouest-France* (see *Informations*)
les grands titres	*headlines*
la Franche-Comté	*region of France on the Swiss border, comprising 4 départements: le Doubs, le Jura, la Haute-Saône, le territoire de Belfort.*
en cours de route	*on the way*
au fond	*basically*
l'équipe dirigeante	*the Government*

4

Madame Kervazo ne lit pas de journal: elle dit pourquoi à Viviane:

Viviane	Et vous ne lisez pas de quotidiens?
Mme Kervazo	Non.
Viviane	Pourquoi?
Mme Kervazo	Je n'en ai pas le temps. C'est triste à dire mais je n'en ai pas le temps.

Viviane	Pouvez-vous nous donner des titres de revues que vous lisez?
Mme Kervazo	*Elle, Bonne Soirée, Loisirs et Maisons,* m'intéressent beaucoup.
Viviane	Pourquoi est-ce que vous lisez ces journaux-là en particulier?
Mme Kervazo	Ça me documente sur les intérieurs, évidemment je ne peux m'octroyer souvent ce que je vois, mais ça me fait plaisir de les regarder, c'est toujours très, très beau.

c'est triste à dire	*it's sad to say*
ça me documente sur les intérieurs	*it gives me ideas about home furnishing*
je ne peux m'octroyer	*I can't afford*

Compréhension

Les lecteurs ont souvent mentionné Ouest-France; Annick a donc demandé à Monsieur Duhamel, adjoint au chef du service de promotion et des relations publiques d'Ouest-France de lui parler de son journal.

1 Qui lit *Ouest-France?*
2 Quels sont les articles préférés des lecteurs?
3 Quand et où *Ouest-France* a-t-il été créé?
4 Pourquoi et comment *Ouest-France* est-il devenu le premier journal français et un grand quotidien d'information?
5 *Ouest-France* est quelquefois critiqué, pourquoi?

M. Duhamel	*Ouest-France* c'est le premier quotidien français actuellement. Nous étions, il y a quelques mois, le premier quotidien régional, c'est-à-dire que, de tous les journaux de province, nous étions celui qui avait le plus fort tirage et la plus forte diffusion, mais depuis que les grands journaux parisiens se vendent moins, malheureusement, en France nous sommes devenus le premier journal français. Et nous sommes dans l'Ouest depuis 1945.
Annick	Quel est le public qui lit votre journal?
M. Duhamel	C'est le grand public, aussi bien les jeunes que les vieillards, aussi bien les agriculteurs que les ouvriers, que les cadres d'entreprise ou les employés; c'est un journal à caractère régional et local, et ce qui fait la force d'*Ouest-France*, c'est que les gens viennent y chercher les nouvelles de leur village ou de leur pays.

Annick	Quels sont les articles préférés de vos lecteurs?
M. Duhamel	Dans un journal, il faut toutes sortes de nouvelles pour satisfaire tous les publics. C'est un fait que la page télévision, qui est la dernière page d'*Ouest-France*, est très lue, mais ce qui est frappant aussi c'est de voir combien sont lus les avis d'obsèques. Non seulement les personnes âgées lisent ces avis d'obsèques, mais aussi les commerçants, les artisans, les gens qui ont des relations dans ces villes ou dans ces villages, pour se tenir au courant de ce qui se passe.
Annick	On dit que c'est un journal qui ne tache pas le poisson, est-ce vrai?
M. Duhamel	Oh, on a dit beaucoup de choses sur *Ouest-France*; vous savez tous les quotidiens sont attaqués, sont critiqués, on a dit que c'était un journal de concierge où on parlait beaucoup de chiens écrasés, en fait, il faut être juste, le journal a beaucoup évolué depuis sa fondation. Il a été pendant des années le soutien d'un parti politique qui était le Mouvement Républicain Populaire Centriste en France et en Bretagne, où il est né d'ailleurs, mais depuis dix ans le journal a pris ses distances par rapport à tous les mouvements politiques pour devenir un grand quotidien d'information.

Explications

● When you ask someone *which* newspaper he/she reads you ask:

Qu'est-ce que vous lisez **comme** journal?
Qu'est-ce que vous achetez **comme** quotidien?

or

Quel journal lisez-vous?
Quel quotidien achetez-vous?

● When you're talking about the newspaper you read you may want to specify the kind of articles you read:

la politique générale	la page *Pour vous Madame*/la page féminine
les nouvelles locales	les grands/gros titres
les bandes dessinées	les avis d'obsèques
la page télévision	les mots croisés

n.b. You say:
'Je lis les articles **en** première page' for a newspaper *but*
'C'est **à la** page 15' for a book.

● You may also want to say what you read *first*:

Les **premiers** articles que je lis . . .

D'abord la politique générale: | c'est la **première** lecture du matin.
c'est ma **première** lecture.

or what you read *last*:

A la fin
En dernier lieu | je lis la page télévision.

or

J'en arrive aux nouvelles locales.

● You read a newspaper basically because you want to be informed, *être informé* (*e*) but you might want to give your reasons: to give reasons you use *pour* plus the infinitive, or *parce que*:

Je lis **pour** | **être informé(e)** sur la politique générale.
| **m'informer** sur la situation mondiale.
| **me documenter** sur la situation économique.

Je lis **parce que** | ça m'intéresse.
| ça me fait plaisir.
| ça me documente sur la mode.
| c'est toujours très intéressant.

To say you do something again, for example when you re-read an article, you can add **re** to the beginning of the verb:

Je **re**lis les informations générales.
Je **re**prends ma lecture.

If you only skim through what you're reading, you can say:

Je vérifie les grands titres.

Je | **jette un coup d'oeil sur** | la première page.
| **survole**

Je **ne** lis **que** les gros titres.

Je lis | rapidement.
| au hasard.

Je ne lis pas tous les articles systématiquement.

● If you only read a newspaper occasionally, you can say:

Il m'arrive | **de** lire *Elle*
| **d'**acheter *Le Monde*

● If you only pick up your paper at odd moments of the day, you can say:

Je lis Paris-Match **à mes moments perdus.**

● You may want to give weight to one particular point you're making:

En fait
Au fond
Pour le dire très franchement | quand on a lu un grand journal
Vous savez | pendant trois semaines, on sait d'avance ce qu'on y trouvera.

La presse en France

La presse française représente 15 000 publications allant du quotidien général d'information destiné au grand public, à la revue périodique spécialisée, publiée par telle ou telle association professionnelle ou savante.

Les quotidiens

Une douzaine de quotidiens paraissent à Paris. Les quotidiens à plus fort tirage (le tirage est le nombre d'exemplaires imprimés) sont à Paris:

France-soir et *Le Parisien Libéré* qui tirent à environ un million d'exemplaires; *Le Monde*, journal du soir, et *Le Figaro* tirent à environ 500 000 exemplaires. En province, c'est *Ouest-France* (édité à Rennes) qui détient tous les records (tirage et diffusion). Il couvre une zone géographique très vaste (Basse-Normandie, Bretagne, Pays de Loire) et peut imprimer jusqu'à 170 pages différentes à cause de ses multiples éditions locales.

Parmi les quotidiens régionaux à fort tirage citons: *Le Dauphiné Libéré* (Grenoble), *La Dépêche du Midi* (Toulouse), *L'Est Républicain* (Nancy), *Nice-Matin* (Nice), *La Nouvelle République du Centre-Ouest* (Tours), *Le Progrès* (Lyon), *Le Provençal* (Marseille), *Sud-Ouest* (Bordeaux), *La Voix du Nord* (Lille).

Les hebdomadaires

L'Humanité, le quotidien du Parti Communiste Français est le seul journal qui publie un supplément hebdomadaire le dimanche: *L'Humanité Dimanche.*

Télé 7 Jours et *Télé-Poche* qui donnent les programmes de télévision et de radio sont les hebdomadaires à plus fort tirage suivis de *Paris-Match* et *Jours de France.*

Il existe de nombreux autres hebdomadaires qui se présentent sous forme de journal ou de revue comme *L'Express, Le Nouvel Observateur, Le Point, Elle, Bonne Soirée,* etc . . .

pour vous madame

《L'habit ne fait pas le moine》

QUESTION DE BEAUTE

A quels endroits doit-on se parfumer? – Derrière l'oreille, sur la nuque, à la racine des cheveux. Ces endroits sont à la source d'une chaleur douce mais à l'abri du grand soleil, car il vaut mieux éviter le contact «peau, soleil, parfum». Mais vous pouvez toujours parfumer vos écharpes, vos robes et même vos blue-jeans.

POUR DIMANCHE:

CREPES SUZETTE AU GRAND MARNIER

Faire une pâte à crêpes fines en délayant ensemble 125 g de farine, 3 jaunes d'œufs, une pincée de sel fin, une cuillerée à soupe de sucre en poudre et un quart de litre de lait froid. Aussitôt délayée et bien lisse, ajoutez encore 3 cuillerées de Grand Marnier. Faire les crêpes toutes petites suivant le procédé habituel. Préparer une crème en triturant ensemble 100 g de beurre ramolli, 50 g de sucre, 2 cuillerées de Grand Marnier, ainsi qu'un zeste d'orange ou de mandarine. Etaler une tartine de cette crème-beurre sur chaque crêpe, les plier en deux, les ranger dans un plat d'argent, puis les arroser de Grand-Marnier chauffé auquel on met le feu. Ceci doit se faire au dernier moment, sur la table avant de servir.

Quelques proverbes

Pour chaque moment ou événement de la vie, il y a un proverbe qui vous évite quelquefois de longues explications ou commentaires. En voici quelques-uns:

Le temps c'est de l'argent.   Qui a bu boira.
Tout nouveau tout beau.   Tel père, tel fils.
Loin des yeux, loin du coeur.   Tout est bien qui finit bien.
Mieux vaut tard que jamais.   Nécessité fait loi.
Rira bien qui rira le dernier.   Mains froides, coeur chaud.
Vouloir c'est pouvoir.   Le chat parti, les souris dansent.

Exercices

1

Re-read the interviews and then answer the questions you're being asked about your reading habits:

1 Est-ce que vous lisez un journal tous les jours?
   Vous: (yes, you do even if sometimes you just run through the headlines)

2 Est-ce que c'est toujours le même journal?
   Vous: (yes, you're used to it. In fact you've been reading it for more than 8 years!)

3 A quels moments de la journée lisez-vous le journal?
   Vous: (in the morning at breakfast before going to work and in the evening in bed when you're not too tired)

52

4 Quels sont vos articles préférés?
   Vous: (it depends because when you listen to news on radio regularly you feel you know enough about what is going on in the world, so you read articles on sport, gardening, cooking and so on . . .)

5 Pourquoi au fond achetez-vous un journal tous les jours?
   Vous: (difficult to say. But for you it's a habit, and you think it's better to buy a newspaper everyday and also, breakfast time without the newspaper would seem odd)

2

Your friends don't have much in common – apart from the fact they they all read *La Liberté*.

Marcel Hervé, 45, is a bank clerk, watches TV a lot, is mad on crosswords, which he usually does late at night in bed.

Albert Pinsivy, 38, is a fisherman. His main concern is the weather, of course, but he is also very keen on sports and quite involved in local life. He reads *La Liberté* every day when he is not at sea.

Jeanne Garec, 75, is retired, fond of gossip and local news and loves cooking. Spends the afternoon reading *La Liberté* and a weekly magazine: *Femmes d'aujourd'hui*.

Caroline Bordier, 32, is a housewife; she likes to discuss political and economic matters since she studied Economics and retains her interest. She is also very choosy about the TV programmes her children watch.

sommaire

Arts **(13)**
Avis d'obsèques **(15)**
Economie **(6 à 8)**
Faits divers **(14–15)**
Mots croisés **(23)**
Offres d'emplois **(16–17)**
Le Temps:
   météorologie **(23)**
Petites annonces **(17–18)**
Politique **(2 à 5)**
Pour vous Madame **(18)**
Radio **(23)**
Recettes de cuisine **(18)**
Région **(9 à 13)**
Spectacles **(18)**
Sports **(20 à 22)**
Télévision **(23)**

How do they answer your questions?:

1 **Marcel,** qu'est-ce que tu lis dans *La Liberté*?
2 A quel moment surtout?

3 **Albert,** quel est le premier article que tu lis?
4 Quels autres articles lis-tu?
5 Est-ce que tu lis *La Liberté* régulièrement?

6 Quels sont vos articles préférés dans *La Liberté,* **Jeanne**?
7 Pourquoi?
8 Est-ce que vous lisez un autre journal que *La Liberté*?
9 Vous lisez le journal le matin?

10 **Caroline**, qu'est-ce que tu lis comme articles dans *La Liberté* et pourquoi ceux-là?
11 Pourquoi les programmes de télévision aussi?

3

Nine o'clock on Monday morning, you're sweeping your doorstep when your neighbour Madame Portion passes by . . . Fill in the missing parts of your conversation from the replies Madame Portion gives you:

Vous	....
Mme Portion	Bonjour! Ça va très bien et vous?
Vous	....
Mme Portion	Le journal d'aujourd'hui? Non je ne l'ai pas lu. Pourquoi?
Vous	....
Mme Portion	Mais quelle nouvelle importante?
Vous	....
Mme Portion	Un avis d'obsèques? Vous me faites peur.
Vous	....
Mme Portion	Non, n'allez pas me chercher le journal, dites-moi la nouvelle.
Vous	....
Mme Portion	Je le connaissais très bien? Mais qui?
Vous	....
Mme Portion	Un de mes amis? Mon Dieu!
Vous	....
Mme Portion	Mais qui était malade depuis longtemps?
Vous	....
Mme Portion	56 ans! Mon Dieu mais est-ce que ce serait Ulysse Lantier, par hasard?
Vous	....
Mme Portion	C'est affreux, absolument affreux.
Vous	....
Mme Portion	Snif! Snif! Oui, je veux bien prendre un verre . . .
Vous	Allez! Venez!

Avis d'obsèques

● Max Lantier, M. et Mme Bienvenue, ses enfants et toute leur famille font part du décès de

M. Ulysse LANTIER

Les obsèques auront lieu aujourd'hui lundi 12 février à 16 heures en l'église de Saint-Pardon-de-Bretagne.

● Mme veuve Roger Lenormand, ses enfants et petits-enfants, parents et alliés ont la douleur de vous faire part du décès de

Mme veuve Claude ROUX,
née Marie DUBOIS

Ses obsèques auront lieu ce jour lundi 12 février à 14 h 45, en la chapelle de la Rotonde à Montauban de Bretagne, où l'on se réunira.

4

Here are some clues to Paul Letour's reading habits:

How does he answer these questions?:

1 Est-ce que lisez un quotidien régional?
2 Vous l'achetez tous les jours?
3 Quels sont vos articles préférés?
   Dans quel ordre les lisez-vous?
4 Mais quand lisez-vous le journal?
5 Est-ce vous lisez d'autres journaux?
6 Est-ce que vous regardez la télévision?
7 Vous ne lisez pas autre chose que des journaux?
8 Mais, qu'est-ce que vous faites comme métier?
   Ah! Je comprends!

5

You live in Sucy-en-Brie; your friend Marianne has just read this article in the paper:

> ● Pour le dernier concert de sa saison musicale, le centre culturel de Sucy-en-Brie accueillera le 8 juin, à 21 heures l'Orchestre de l'Ile-de-France, qui interprétera, sous la direction d'André Girard, des oeuvres de Schubert, Barber, Jolivet et Rossini.

Marianne phones you. Fill in the missing parts of the conversation from what you learn from the newspaper article:

Marianne	Tu es libre ce soir?
Vous	Oui, pourquoi?
Marianne	....
Vous	Où?
Marianne	....
Vous	A quelle heure?
Marianne	....
Vous	Quel est l'orchestre qui vient?
Marianne	....
Vous	Qui ⎧ dirige l'orchestre? ⎩ le dirige?
Marianne	....
Vous	Qu'est-ce qu'ils vont jouer?
Marianne	....
Vous	Oui, mais ⎧ quels morceaux? ⎩ quoi?
Marianne	....
Vous	Tant pis! On verra bien. A ce soir!

Et pour vous, qu'est-ce que ça veut dire?

Giving a definition – and some revision

1

Que veut dire "sur le vif" pour les Français? Annick a d'abord posé cette question à Monsieur Rannou:

Annick	Que signifie pour vous l'expression *sur le vif*?
M. Rannou	Eh bien, pour définir le sens de cette expression, je crois qu'il faut donner un exemple concret. Prendre une scène *sur le vif*, cela consiste pour un reporter par exemple, un reporter de télévision, à arriver sur un marché, disons à Rennes, le jeudi matin, dans le quartier Jeanne d'Arc, sur le boulevard Alexis Carrel, d'arriver sans tambour ni trompette, et cela consiste à enregistrer les ménagères qui font leurs achats, à enregistrer les échanges qu'elles peuvent avoir avec le marchand de poisson, par exemple, sans la moindre préparation.
Annick	Est-ce que vous pouvez former deux ou trois phrases avec l'expression *sur le vif*?
M. Rannou	Eh bien, quand on lit une scène dans un roman qui paraît particulièrement réaliste, et qui paraît rapporter les événements tels qu'ils se déroulent dans la réalité, on dira en commentant ce passage: c'est une scène prise *sur le vif*. Quand on regarde la télévision, et qu'on regarde un documentaire sur la vie en Amérique, par exemple, eh bien, on dira que le reporter français s'est rendu dans une réunion publique, la veille des élections primaires, dans tel ou tel Etat et qu'il a enregistré une scène *sur le vif*.

prendre une scène	*capture a scene*
sans tambour ni trompette	*unannounced*
sans la moindre préparation	*without any preparation*
tels qu'ils se déroulent	*as they happen*
en commentant	*while/when talking about*
la veille des élections primaires	*the day before the primary elections*

2

Et pour Martine, que signifie "sur le vif"? Annick le lui demande:

Annick	Martine, que signifie pour toi l'expression *sur le vif*?
Martine	La première image qui me vient c'est un instantané. C'est-à-dire que c'est une portion, c'est la portion d'une action, c'est un morceau de vie que l'on a saisi, soit en photo, ou soit qu'on a noté, c'est pris *sur le vif*, c'est le petit morceau de vie qu'on prend comme ça, alors qu'elle est en train de se dérouler, sans préparation.

Annick   Est-ce que tu pourrais me donner deux ou trois exemples avec l'expression *sur le vif*?

Martine   Eh bien, par exemple, une photo prise *sur le vif*, c'est à opposer à une photo posée, c'est-à-dire que le photographe prendra cette photo alors que les gens qui sont à photographier ne seront pas prévenus contrairement à une photographie pour laquelle le photographe demande aux personnes de poser, de s'installer d'une certaine manière. C'est quelque chose qui est pris à l'improviste, *sur le vif*, je crois.

pris à l'improviste   *caught unexpectedly*

Prendre une scène
sur le vif . . .

c'est
arriver sans tambour
ni trompette.

c'est
enregistrer, filmer
les gens sans les
prévenir, sans la
moindre préparation.

c'est
rapporter les
événements tels qu'ils
se déroulent dans
la réalité.

c'est
prendre un petit
morceau de vie,
comme ça,
à l'improviste,
comme un instantané.

1

Certaines catastrophes ont des conséquences à long terme. C'est le cas du naufrage d'un grand pétrolier, le 'Torrey Canyon' qui avait provoqué, à l'époque, une ''marée noire'' sur les côtes bretonnes. Voici un article publié dans un journal local à ce moment-là:

La catastrophe du Torrey Canyon

PERROS-GUIREC – 10 avril 1967 **(de notre envoyé spécial.)**

Malgré le plan d'urgence déclenché par le gouvernement le 8 avril, le mauvais temps a entraîné la marée noire sur nos côtes. Des milliers de tonnes de pétrole – de 15 à 20 000 estime-t-on de source officielle – vont continuer à se déverser sur la côte nord de la Bretagne. La marine nationale et l'armée sont sur les lieux et essaient de limiter les dégâts en déversant du détergent sur les nappes de pétrole et sur les plages. Le spectacle est désolant, des milliers de cadavres d'oiseaux échouent sur les rochers. La population est consternée, les dangers de pollution ne peuvent plus être écartés. Dans nos éditions précédentes nous avons précisé que le Torrey Canyon, pétrolier de 118 000 tonnes navigant sous pavillon libérien, avait échoué au large des côtes anglaises à 7 miles au nord-est des îles Scilly. Le samedi 18 mars, en dépit des efforts de la Royal Navy, il avait été impossible de contrôler les nappes de pétrole s'échappant du navire en raison des tempêtes et des explosions. Le pétrolier géant est actuellement en train de sombrer.

Madeleine Saint Gal de Pons, qui habite Louannec, s'intéresse beaucoup aux oiseaux. Elle parle de la catastrophe du Torrey Canyon à Annick:

1 Est-ce que la marée noire a fait beaucoup de dégâts?
2 Quelles ont été les conséquences de la marée noire sur les oiseaux?
3 Comment les habitants ont-ils senti la marée noire arriver?
4 Comment se présentait cette marée noire?
5 Qu'est-ce qui a permis aux plages de redevenir propres?

Annick	Est-ce que la marée noire n'a pas fait beaucoup de dégâts?
Madeleine	La marée noire a fait énormément de dégâts au point de vue oiseaux. Ça a été vraiment une catastrophe pour la région à ce point de vue-là. Evidemment, depuis, on a essayé d'élever quelques couples, mais nous ne reviendrons pas, je crois, à ce que nous étions autrefois au point de vue oiseaux, je ne pense pas.
Annick	Comment a commencé la marée noire?
Madeleine	La marée noire a commencé par une odeur de pétrole vraiment abominable. Les journaux et la T.S.F. nous disaient encore que nous n'aurions pas de pétrole, que nous n'aurions pas de mazout, et déjà nous sentions ici le pétrole arriver. C'était une odeur telle qu'elle imbibait véritablement tout ce que nous mangions, tout ce que nous buvions, et même la nuit, elle nous réveillait.
Annick	Vous êtes à combien de kilomètres de la mer?
Madeleine	Nous sommes à cent mètres, à vol d'oiseau. Et puis, ensuite, nous avons vu arriver la marée noire, ce que nous appelons la marée noire, des plaques qui sont venues se coller sur les rochers, se coller sur le sable, ensuite les cadavres d'oiseaux sont arrivés, c'était affreux.
Annick	Est-ce que les plages sont redevenues propres?
Madeleine	Ah, oui, ici les plages sont redevenues propres assez vite d'ailleurs, parce qu'une algue spéciale s'est développée à l'endroit où il y avait eu du mazout.
Annick	Et que faisait cette algue?
Madeleine	Et cette algue mangeait les résidus de mazout au fur et à mesure. Si bien que les plages ici sont redevenues propres.

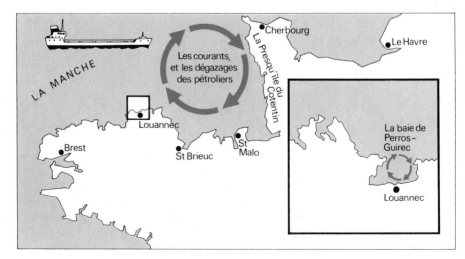

60

Monsieur le Recteur de Louannec et Madame St. Gal de Pons.

2

Mais comment expliquer ce "phénomène de la marée noire"? Le curé (que l'on appelle en Bretagne le recteur) de Louannec l'explique à Annick:

1 En quoi les courants marins (tournants) sont-ils liés à la marée noire?
2 Qu'est-ce qu'il faudrait faire pour éviter une nouvelle marée noire?
3 Quel est le sentiment du Recteur de Louannec sur le port du Havre?

M. le Recteur	Le phénomène de la marée noire a été dû à ceci que, la marée montante dans la Manche va frapper la presqu'île du Cotentin et donne des courants qui ont un mouvement tournant et les courants tournants arrivent nécessairement sur les côtes de Bretagne, si bien que s'il y a une épave quelconque de pétrolier dans la Manche, le pétrole nous arrivera à un moment ou à un autre. Nous en sommes sûrs. De même qu'autrefois les épaves venaient sur notre côte, étaient ramassées par les gens, et nous le savons, et les marins savent très bien: ici également dans la baie de Perros, nous avons le même mouvement à une échelle réduite; la marée montante fait que la marée tourne dans la baie, tourne dans le sens des aiguilles d'une montre, exactement de la même façon, et nous amène, par conséquent, tout dégazage des pétroliers, dans la haute mer.
Annick	Est-ce qu'il n'y a pas une loi internationale qui interdit ce dégazage des bateaux?
M. le Recteur	Pour l'instant, non. Pas suffisante. Il faudrait que tout dégazage soit absolument interdit dans la Manche même, pour que cela ne nous arrive pas; mais évidemment, cela gêne de grands intérêts pétroliers, en particulier le port du Havre. Le port du Havre pour nous c'est une calamité vous savez, parce que ça empêche le port de Brest de se développer, et puis ensuite ça pollue nos côtes.

La baie de Perros-Guirec.

Explications

● If you want somebody to define or explain something, you can ask:

Qu'est-ce que ça veut dire?
Que veut dire 'sur le vif'?
Que signifie "sans tambour ni trompette"?

● The definition you may get may be a brief explanation of a word or an expression:

Un reporter, **c'est quelqu'un qui** fait des reportages.

Un instantané, **c'est une photo prise sur le vif,** le contraire d'une photo posée; **c'est quelque chose qui** est pris à l'improviste.

Un quotidien, **c'est un journal qui** paraît tous les jours.
(see also chapter 2)

● The definition or explanation you are given may still not make things clear and you may want to ask for examples or further explanations:

Est-ce que vous pourriez me donner un exemple?
Vous pouvez me donner des exemples?
Vous pourriez m'expliquer ce que ça veut dire?
Vous voulez bien m'en dire plus/davantage?

Tenses

Here is a summary of verbal tenses used by Madeleine Saint Gal de Pons. (see also chapter 14)

The present
to say how things are

Je ne **pense** pas.

Je crois.

Nous sommes à cent mètres.

The imperfect
to give background information on what happened

C'était une odeur telle qu'**elle imbibait** tout ce que **nous mangions,** tout ce que **nous buvions.**

La nuit **elle** nous **réveillait.**

C'était affreux.

The perfect
to say what happened

La marée a fait énormément de dégâts.

Ça a été une catastrophe pour la région.

Une algue spéciale **s'est développée.**

Les cadavres d'oiseaux **sont arrivés.**

The future
to say what will happen

Nous ne **reviendrons** pas

The conditional
to say what would or might happen

Les journaux nous disaient que **nous** n'**aurions** pas de mazout.

A vous maintenant . . .

The exercises in this chapter give you a chance to test the main language points you have learnt so far in *Sur le vif.* Check your answers on pp. 117–119. You'll also find a page reference for revising anything you're not sure about.

1
Your friend Bernard is a walking dictionary, and you refer to him when you don't know the meaning of a word or an expression. What are the questions you asked Bernard?:

Vous   1.. ?
Bernard   C'est un bateau qui transporte le pétrole.
Vous   2.. ?
Bernard   Oui, volontiers; c'est le nom qu'on donne à un curé en Bretagne.
Vous   3.. ?
Bernard   Ça veut dire que quelqu'un est arrivé à l'improviste, sans prévenir.
Vous   4.. ?
Bernard   C'est, par exemple, filmer ou enregistrer des gens sans les prévenir.

2

Make sense of this dialogue between two customers at *Le Café de la Poste* by putting the sentences in the right order (number 6 comes first):

Monsieur X	1	Qu'est-ce que vous prenez?
Monsieur X	2	Très bien! Garçon, un jus de tomate et un whisky, s'il vous plaît.
Madame Y	3	Oui d'accord.
Monsieur X	4	Vous venez vous asseoir?
Madame Y	5	Non, pourquoi?
Monsieur X	6	Dites-moi, vous n'avez pas travaillé chez Rollin?
Madame Y	7	Euh! Un jus de tomate, s'il vous plaît.
Monsieur X	8	Vous m'avez vu, vous aussi . . . Bizarre, très bizarre.
Madame Y	9	Moi aussi, c'est curieux.
Monsieur X	10	Comme ça . . . une idée! Je suis sûr de vous avoir vue quelque part.
Madame Y	11	Mais ça y est, j'ai trouvé, je vous ai vu au rond-point des Pas Perdus.
Monsieur X	12	Agent de police, je suis agent de police.
Madame Y	13	Mais, qu'est-ce que vous faites dans la vie?

3

Fill in the gaps with the appropriate word:

1 Je .... cinq cents grammes de café, s'il vous plaît.
2 A .... heure part le train pour Nice, s'il vous plaît?
3 Si elle .... plus sympathique, je l'.................. à dîner.
4 Comment est-ce que vous irez en France? J'.................. avion.
5 J'ai dit: debout! Allez, ...-vous!
6 Attendez: neuf cent quarante-cinq mille cinq cent dix, c'est ça? En chiffres ça fait ....
7 Vous connaissez l'immatriculation de sa voiture?
   Oui, c'est "neuf cent deux aime haut trente-cinq".
   Quoi?
   Voilà, regardez: ....
8 Vous aimez le ski?
   Pour .... c'est très agréable, mais pour .... mari c'est trop fatigant.
9 Il est tellement désordonné! .... chaussettes, ... chaussures, ... livres traînent partout! .... lit n'est jamais fait. Mais à quoi bon .... lui dire!

4

Charades: Find the whole word *(mon tout)* in each of the following. Each syllable of the word *(mon premier, mon deuxième* or *second)* gets a separate definition:

e.g. *Mon premier* est souvent petit.
   Mon deuxième n'est qu'une partie de moitié.
   Mon tout est une ville française.

   answer: (Pois-tié) = Poitiers

1 *Mon premier* est une couleur.
   Mon deuxième n'est pas mou.
   Je trouve *mon tout* dans la campagne.

2 Le kilo est une mesure de *mon premier*.
   Mon second est un bruit.
   Mon tout nage.

3 *Mon premier* ne dit pas la vérité.
   Mon second n'est pas tard.
   J'ai besoin de *mon tout* en hiver.

4 On fête *mon premier* quand il est nouveau.
   On n'a *mon second* qu'une fois.
   Mon troisième n'est pas carré.
   Mon tout n'est pas au centre.

5
You hear the following news bulletin on the radio:

"Madame Duchemin, habitant le quartier Alexis Carrel, vient d'être témoin, tout près de chez elle, d'un accident qui n'a heureusement pas fait de victimes. Elle marchait cet après-midi le long de la rue des Peupliers lorsqu'elle a entendu un bruit absolument extraordinaire, comme elle n'en avait jamais entendu de sa vie, nous a-t-elle dit. C'est alors qu'elle a vu le clocher de l'église Saint-Sulpice pencher anormalement, puis, finalement tomber, dans un fracas épouvantable. Malgré ce choc, elle n'a pas perdu son sang-froid et a tout de suite appelé les pompiers."
(pencher: to lean over).

1 What might have Mme Duchemin said when she phoned the fire brigade?
2 Mme Duchemin is now being interviewed by some journalists. How does she answer their questions:
a Où étiez-vous au moment de la catastrophe?
b Où habitez-vous?
c Est-ce que c'est loin de l'église Saint-Sulpice?
d Qu'est-ce qui s'est passé exactement?
e Comment était ce bruit?
f Qu'est-ce que vous avez fait juste après la catastrophe?
g Est-ce que vous savez s'il y a des victimes?

6

Work out from the context how the words between brackets should be written. They're all in the masculine singular form:

1 Ces (petit) chiens sont (adorable).
2 Les deux filles de Monsieur Duroy sont très (grand); je les trouve très (sympathique).
3 C'est la (premier) rue à gauche après la (dernier) maison.
4 La maison (blanc)? Oui c'est ça: la maison avec des fenêtres (immense).
5 Laquelle voulez-vous? La plus (lourd) ou la plus (léger)?
6 Votre voiture est (lent) ou (rapide)?
7 Les journaux (quotidien) sont moins (intéressant) que les revues (mensuel), non?
8 Moi je préfère les tables (bas), pas toi?
9 Il me faut des oranges très (juteux).
10 Cet apéritif est (tiède), j'ai horreur des boissons (tiède).

7

Using the infinitives in brackets make complete sentences of the following:

1 Si vous (*venir*) à Paris, vous (*venir*) me voir, n'est-ce pas?
2 Il y (*avoir*) deux mois que nous (*habiter*) dans ce quartier, et vous?
3 Cette salade (*être*) vraiment délicieuse, j'en (*reprendre*) bien un peu.
4 L'été dernier nous (*partir*) en Espagne mais cet été nous ne (*partir*) pas.
5 Ils (*habiter*) Cognac maintenant? C'(*être*) curieux, je (*croire*) qu'ils (*être*) toujours à Nantes.
6 Voilà, nous (*trouver*) la solution: ton père et moi (*aller*) à Paris et toi, tu (*rester*) avec ton frère ici.
7 Si nous n'(*être*) pas aussi égoïstes, nous leur (*donner*) un peu d'argent.
8 Je ne (*savoir*) pas que vous (*connaître*) Lise; je l'(*apprendre*) tout à fait par hasard, hier.
9 Nous (*aller*) à la piscine hier. Il y (*avoir*) un monde fou.
10 C'(*être*) toujours la même chose avec eux; ils ne (*pouvoir*) jamais s'en aller. Il (*falloir*) toujours leur faire comprendre qu'il (*être*) l'heure de partir.

8

Read this 'Petite Nouvelle' from a newspaper and answer the questions below:

Petite nouvelle

☐ Un Festival médiéval est organisé à Caen jusqu'au 15 juin. Au château et dans divers monuments se succederont des manifestations théâtrales, musicales, cinématographiques. Sont prévues également des expositions, des animations de rue, des visites guidees et des conférences, avec la participation de quelques universitaires.

1 De *quoi* s'agit-il?

2 *Où et jusqu'à quelle date* "cela" | se passera-t-il?
                                           | aura-t-il lieu?

3 *Où* auront lieu les manifestations théâtrales, musicales et cinématographiques?
4 *Quelles* sont les autres manifestations prévues?
5 *Qui* participera à cet événement?

9

Claire and Jacques are having a heated argument about pollution and the
environment (la pollution et l'environnement). Re-read the article on the
Torrey Canyon disaster on p. 59, and use it to find what Jacques says:

Claire	Mais enfin, explique-moi de quoi tu parles.
Jacques	1 (he was simply saying that gigantic tankers should be banned from the Channel)
Claire	Mais pourquoi dis-tu ça?
Jacques	2 (because he has read an article about the pollution of the sea and knows that thousands of tons of oil go into the sea each year)
Claire	Oui mais enfin les mers sont immenses!
Jacques	3 (yes, of course, but one ton of oil may cover 1 km² (one square kilometre) of water!)
Claire	Mais c'est scandaleux! Qu'est-ce qu'il faudrait faire?
Jacques	4 (one should re-think (*repenser*) this oil problem first. It's a very difficult question)
Claire	Pourquoi?
Jacques	5 (because it's not only an economical matter but also a political one)

Les coiffes, les crêpes, les sabots font-ils partie d'un folklore?

How to agree or disagree

Je pense que c'est exact.
Moi je trouve que c'est honteux!
Je ne suis pas d'accord.
C'est faux, c'est archi-faux.
Mais non, tu n'as rien compris!

1

Annick a demandé à Kristen, étudiant à Rennes, son point de vue sur certains aspects traditionnels de la culture bretonne comme les crêpes et les coiffes:

Annick	Est-ce que vous êtes Breton?
Kristen	Oui.
Annick	Est-ce que vous vous sentez Breton?
Kristen	Bien sûr, oui.
Annick	Et qu'est-ce que ça signifie, se sentir Breton?
Kristen	Ça signifie se sentir autre, ni supérieur, ni inférieur, mais différent, un peu différent.
Annick	C'est-à-dire?
Kristen	Par exemple, en Bretagne, nous avons une autre langue, d'autres coutumes, traditions qui sont très, très fortement ancrées chez les gens.
Annick	Est-ce que vous pensez que les coiffes, les crêpes, les sabots font partie d'un folklore?
Kristen	Le terme folklore a plusieurs sens. Le sabot, par exemple, porté en ville, à Rennes, à Nantes, à Brest ça fait effectivement partie d'un folklore dans le mauvais sens du terme. La coiffe, il y a des gens, surtout les vieux, pour qui ça correspond effectivement à quelque chose, et c'est normal de la porter. Ça fait partie d'une identité et non d'un folklore.
Annick	Il paraît que la coiffe a été apportée en Bretagne par les Parisiens au dix-neuvième siècle.
Kristen	C'est complètement faux, on a des vieilles, très vieilles gravures de coiffes qui remontent loin au-delà du dix-neuvième siècle.
Annick	Pourtant, il paraît que la crêpe ou la galette était la nourriture du pauvre; or, maintenant, ça devient assez cher. Comment expliquez-vous ça?
Kristen	On a le choix entre aller manger dans une crêperie et acheter des galettes effectivement assez chères ou des crêpes, et les confectionner soi-même, où effectivement, ça revient beaucoup moins cher.
Annick	Encore faut-il avoir la recette!
Kristen	Oh, elle est bien connue!

très fortement ancrées	*deeply rooted*
font partie d'un folklore	*are (artificially) folksy*
dans le mauvais sens du terme	*in the bad sense of the word*
pour qui ça correspond effectivement à quelque chose	*for whom that really means something*
a été apportée en Bretagne	*was introduced to Brittany*
loin au-delà du XIXe siècle	*going back much further than the 19th century*
ça revient beaucoup moins cher	*it costs much less*

2

Les coiffes, les crêpes, les sabots font-ils partie de la culture populaire en Bretagne ou sont-ils seulement des produits touristiques? Annick et Martine ne sont pas du tout du même avis:

Annick Les sabots, ben je ne sais pas, il y a quelques années encore, les enfants, et même encore à l'heure actuelle, les enfants vont à l'école en sabots, et je pense que c'est exact, ça ne fait pas partie du folklore, ça fait partie de la vie courante. Les sabots sont utiles dans les champs, sont très chauds en hiver. On met de la paille, ils sont très chauds. Et puis les crêpes, ma foi, c'est la nourriture du pays, et tous les vendredis, comme la Bretagne est catholique, eh bien toutes les familles mangent des crêpes.

Martine Et les coiffes, c'est bien, ça protège de la pluie lorsqu'il pleut, ça protège du soleil; les sabots, c'est bien lorsqu'on va se promener au bord de la mer et qu'on veut se baigner!

Annick Mais non—m'enfin tu n'as rien compris, les coiffes, ça fait partie d'un certain mode de vie. Les vieilles bretonnes mettent encore des coiffes parce qu'elles ont toujours été habituées à les mettre, c'est pas pour faire plaisir, parce que tu te rends compte ce qu'il faut comme nettoyage, et comme amidon, pour entretenir une coiffe? Mais c'est un travail formidable.

Martine Ben moi, je suis désolée! De mettre des coiffes, de mettre des sabots et de vendre des crêpes, c'est pour attirer le touriste, c'est tout.

Annick Mais non tu n'y comprends rien! Non! Ça fait partie de la culture d'un pays.

Martine Absolument pas. C'est une image qu'on veut bien se donner pour la Bretagne, pour attirer les gens, mais ça n'a absolument aucun fondement. C'est le folklore.

Annick Ah je suis pas d'accord. Ah, je ne suis pas d'accord. C'est faux, c'est archi-faux. Quand un paysan travaille dans son champ, tu crois qu'il va mettre des chaussures de daim? Non, il met des chaussures adaptées à sa condition de paysan, il met des sabots.

Martine	Moi je trouve que c'est honteux que la Bretagne se prostitue à produire des espèces de bonnes femmes costumées, uniquement pour attirer le touriste.
Annick	C'est pas une question d'attirer le touriste, enfin, ces vieilles Bretonnes ont toujours vêtu des robes noires, des robes froncées à la taille, je vois pas pourquoi elles changeraient leurs habitudes.
Martine	C'est un pays retardé, ce sont des gens . . .
Annick	Hein? Mais ça va pas, non?
Martine	Mais ce sont des gens qui sont minables, tu n'as qu'à voir leur visage, ils ont le nez rouge, c'est l'endroit où on boit le plus. Les gens boivent tout le temps. Il y a des cafés toutes les quatre maisons, tous les gens, coiffe ou pas coiffe, ont le nez rouge, ça fait mieux ressortir leur coiffe. Voilà.
Annick	Ah, c'est pas vrai, c'est pas vrai, il y a une région qui nous bat, c'est la Normandie, alors tu vois que je t'ai bien eue, hein! Na!

la vie courante	*everyday life*
tu n'y comprends rien	*you don't understand a thing*
des espèces de bonnes femmes costumées	*old women dressed up in costumes*
ont toujours vêtu (porté)	*have always worn*
froncées à la taille	*gathered at the waist*
ça va pas!	*you're out of your mind!*
ça fait mieux ressortir leur coiffe	*it sets their headdress off better*
je t'ai bien eue	*I've got you there*

Une crêperie à Ploumanac'h, près de Perros-Guirec.

Michel Renouard explique à Annick sa conception du folklore en Bretagne . . .

1 A son avis, qu'est-ce que la Bretagne offre aux touristes?
2 Pourquoi les Bretonnes portent-elles des coiffes?
3 Pourquoi les intellectuels parisiens s'intéressaient-ils à la Bretagne au XIXe siècle?
4 A son avis, quel rôle ont joué les Parisiens dans le folklore breton?
5 Qu'est-ce qui est paradoxal?

Annick	Est-ce que les crêpes, les coiffes, les sabots, ne font pas partie d'un folklore?
M. Renouard	En tout cas ça fait partie du folklore que l'on essaie de créer actuellement en Bretagne, puisque cela fait partie de ce que l'on propose tous les étés aux touristes qui viennent en Bretagne.
Annick	Mais lorsqu'une Bretonne porte une coiffe, pensez-vous qu'elle la porte pour montrer cette coiffe?
M. Renouard	Je pense qu'elle la porte parce que c'est la tradition dans son village de la porter, mais je pense qu'il faut faire remarquer que c'est une tradition très récente puisqu'elle date du dix-neuvième siècle; c'est à l'époque où les intellectuels parisiens ont commencé à s'intéresser à la Bretagne parce que la Bretagne leur apparaissait comme un pays un peu mystérieux, un pays de légende, que l'on a commencé à s'intéresser à ce folklore, et qu'il est né, tout simplement.
Annick	Mais ne portait-on pas des coiffes avant?
M. Renouard	Oh, on portait peut-être des coiffes auparavant, mais c'est vraiment à cette époque-là que l'on a vraiment commencé à y réfléchir et que l'on a créé des coiffes nouvelles toutes aussi originales les unes que les autres, mais ça date du dix-neuvième siècle.
Annick	Mais ce sont quand même pas les Parisiens qui ont créé ces coiffes?
M. Renouard	Je pense que les Parisiens ont largement contribué à la naissance de ce que l'on appelle aujourd'hui le folklore breton.
Annick	Et les crêpes, on a toujours mangé des crêpes en Bretagne?
M. Renouard	On a toujours mangé des crêpes en Bretagne, mais la crêpe, la galette, plus exactement, c'était la nourriture du pauvre. C'était quelque chose qui ne coûtait pas cher, c'est un petit peu, si vous voulez, comme les pizzas italiennes; toutes ces nourritures qui aujourd'hui sont des nourritures relativement chères selon le restaurant où on les prend, étaient, en réalité, à l'origine, la nourriture traditionnelle des habitants, mais c'était des nourritures de gens pauvres. C'est pourquoi il est assez paradoxal de voir qu' aujourd'hui c'est devenu quelque chose de lié aux vacances, de lié au tourisme, parce que à l'origine, ce n'était pas ça du tout.

How to argue your point of view

● When you want to state your opinion, you can begin your sentence with:

Je crois que . . .
Je pense que . . .
Je trouve que . . .   (see also Book 1, chapter 9)
Pour moi . . .
A mon avis . . .

● If you want to present your opinion as a generally accepted point of view, you can start your sentence with:

On dit que
Il paraît que   la galette était la nourriture du pauvre.
On entend souvent dire que

● To express your agreement or disagreement, you can say:

if you agree	*if you disagree*
Je suis d'accord.	Je **ne** suis **pas** d'accord.
Je suis de votre avis.	Je **ne** suis **pas** de votre avis.
C'est vrai.	Ce **n'**est **pas** vrai / c'est **faux**.

● If you want to agree or disagree very strongly, you can add: **absolument, vraiment, . . .**

if you agree

Je suis | **vraiment**
absolument | d'accord.
tout à fait

if you disagree

Je ne suis | **vraiment pas**
absolument pas | d'accord.
pas du tout

● You may want to disagree passionately:

C'est scandaleux! / C'est un scandale!
C'est honteux! / C'est une honte!
C'est idiot! / C'est complètement idiot!

or in a more off-hand way:

Non mais, ça (ne) va pas!
Tu n'as rien compris!
Tu n'y comprends rien!

● If you want to put an end to a pointless argument, you can be quite brusque and simply say:

Ça suffit!
J'en ai assez! | *That will do!*

Tu m'agaces!
Tu m'ennuies! | *You're getting on my nerves!*

C'est comme ça, c'est tout! | *That's the way things are, that's all.*

If you're still feeling aggressive, you can add as a parting shot:

Et alors! | *So what!*

● And if you want to give up – and admit your ignorance, you can say:

Je ne sais pas.
Je n'ai aucune idée sur la question.
Je n'en ai aucune idée.

n.b. In heated arguments (both between friends and strangers) the *ne* is often dropped (it usually is anyway in spoken French):

Ça ne va pas! ⟶ Ça va pas!
Ce n'est pas vrai. ⟶ C'est pas vrai.
Je ne suis pas d'accord. ⟶ Je suis pas d'accord. (pronounced *shwee*)
Je ne sais pas. ⟶ Je sais pas. (pronounced *chépa*)

(*Mais enfin* often becomes *M'enfin*)

Les crêpes, les coiffes, les sabots . . . mythes ou réalités en Bretagne?

A notre époque beaucoup de jeunes gens en Bretagne essaient de retrouver leurs racines culturelles, les vraies traditions de leur pays. Ils étudient le breton, composent des chansons modernes sur des thèmes traditionnels – comme le chanteur Alan Stivell par exemple. Ils luttent, entre autres, contre les images stéréotypées que l'on donne souvent de la culture bretonne et qui sont pour eux des simplifications excessives comme les crêpes, les coiffes, les sabots. Ils ne veulent pas que le peuple breton soit assimilé à ces personnages simplets un peu ridicules dont se moquaient les Parisiens au début du siècle. Bécassine, une héroïne de livres pour enfants est un exemple de Bretonne ridiculisée par les gens de la ville.

Mais . . .

on mange toujours des crêpes et des galettes en Bretagne. Dans les crêperies, on en mange maintenant à "toutes les sauces": aux fruits de mer, à la banane, au chocolat . . . Traditionnellement, il y avait les crêpes de froment et les crêpes de blé noir; les premières sucrées, les secondes salées appelées quelquefois crêpes au lait et crêpes à l'eau. Elles avaient et ont toujours jusqu'à 50 cm de diamètre. On les mange surtout avec du beurre; les crêpes de blé noir se mangent aussi dans la soupe ou dans du lait caillé ou ribot (*butter milk*).

Les galettes sont, en général, plus petites, plus épaisses à base de blé noir et de pommes de terre. On les mange avec du beurre, de la saucisse . . .

Le folklore breton.

Les coiffes disparaissent petit à petit, c'est vrai, du moins de la vie quotidienne. Les coiffes sont multiples dans leur forme, dans la dentelle dont elles sont faites. Dans une même région, un même village, le costume de fête diffère du costume de deuil. De quand datent les coiffes? S'il est impossible de donner une date exacte, on peut dire que c'est sans doute une tradition assez récente (XVIIIe) parce que les sculptures, les peintures plus anciennes ne représentent pas de femmes portant la coiffe. Il est vrai de dire aussi que les coiffes ont évolué et surtout grandi (en taille) au XIXe. La coiffe glazik de Quimper, la coiffe bigouden (de Pont-l'Abbé), par exemple.

Les sabots de bois

Beaucoup de gens portent encore des sabots de bois en Bretagne quand ils travaillent dans les champs ou dans les ports de pêche. Les sabots sont surtout fabriqués en Bretagne intérieure où il y a encore des forêts, par des artisans appelés sabotiers.

1

Your friend Dominique loves gossiping, but never checks to see whether
his/her information is correct. *You* know better (read the chart first), and you
put Dominique right each time:

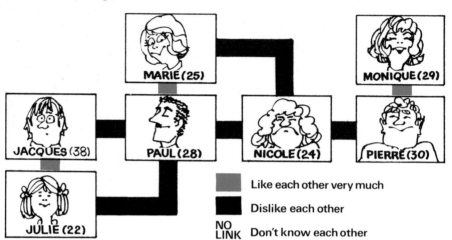

Like each other very much

Dislike each other

NO
LINK Don't know each other

e.g. *Dominique*: On m'a dit que Paul Lebègue était le grand ami de Nicole.
Vous: C'est absolument faux, ils se détestent.

Dominique	Il paraît que Julie adore Jacques.
Vous	1 ....
Dominique	Vous savez la nouvelle: Marie Lardon et Pierre Bardot sont toujours ensemble maintenant.
Vous	2 ....
Dominique	J'ai appris que Paul Lebègue et Jacques sont d'excellents amis.
Vous	3 ....
Dominique	Paul Lebègue et Monique Allio sont mariés, paraît-il.
Vous	4 ....
Dominique	Je pense que Marie Lardon et Nicole Legendre sont les meilleures amies du monde.
Vous	5 ....
Dominique	A mon avis, Marie Lardon et Paul Lebègue ont eu raison d'oublier leurs querelles.
Vous	6 ....
Dominique	En tout cas, je sais que Julie et Jacques ont le même âge.
Vous	7 ....
Dominique	C'est un vrai plaisir d'être avec Nicole Legendre et Pierre Bardot, ils s'adorent.
Vous	8 ....
Dominique	Marie Lardon déteste Julie mais ça ne m'étonne pas du tout.
Vous	9 ....

2

Antoine and Gilles never see eye to eye! Antoine keeps teasing Gilles, what does Gilles reply each time?

e.g.

Antoine:	Le désordre, moi j'aime ça!
Gilles:	(Gilles knows that, but he himself hates untidyness.)
	Je (le) sais; moi, au contraire, j'ai horreur de ça.

Antoine	Il n'y a rien de plus fatigant, de plus ennuyeux que le sport!
Gilles	1 (Doesn't agree. For him sport is a relaxing activity.)

Antoine	Les gens qui travaillent trop sont des malades, à mon avis.
Gilles	2 (That's entirely wrong. Once more, Antoine doesn't know what he is talking about.)

Antoine	Il n'y a rien de meilleur que de boire une bonne bouteille au lit l'après-midi, en écoutant de la musique!
Gilles	3 (That's outrageous. Antoine should be ashamed.)

4 *Antoine*	Toi, tu es vraiment un maniaque de l'ordre. Au fond, tu es malheureux!
Gilles	4 (That's not true, Antoine doesn't know what he's talking about.)

Antoine	Ta vie est réglée, planifiée depuis A jusqu'à Z.
Gilles	5 (That's entirely wrong.)

Antoine	Pour moi la vie c'est fait pour s'amuser.
Gilles	6 (Yes, but one has to work too!)

Antoine	Tu m'agaces!
Gilles	7 (knows that, but it works both ways!)

Antoine	De toute façon, tu es un anxieux.
Gilles	8 (perhaps – but so what?)

Antoine	Comment arrives-tu à me supporter?
Gilles	9 (he wonders . . .)

3

You don't always agree with what Claude says, but what did you actually say in reply?

e.g. *Claude*: Tout le monde devrait avoir 4 semaines de vacances par an.
 Vous: (√ it's a dream) Oui, bien sûr, mais je crois que c'est un rêve.

Claude says		Your opinion
1 Les femmes conduisent toutes très mal.	X X	*you think that's stupid*
2 Les Français sont vraiment trop agressifs.	√	*often true, but you don't know why.*
3 Il faudrait interdire aux gens de fumer dans les endroits publics.	√	*would be a good idea*
4 Les touristes détruisent systématiquement les paysages.	X	*not always*
5 Les enfants devraient aller à l'école à 3 ans.	X	*it's too early*
6 Tout le monde devrait parler au moins deux langues.	√ X	*other things are more important*
7 Il pleut souvent en Ecosse.	√ X	*it doesn't matter*
8 Le téléphone est vraiment trop cher en ce moment.	√ √	*it's outrageous*
9 Pour moi, on ne peut passer de bonnes vacances qu'au soleil.	X X	*it's fashionable, that's all.*

√ agree √√ agree strongly √ X yes and no, but . . . X disagree X X disagree strongly

4

Here are six firm opinions (A B C D E F) with six other equally firm opinions given in reply (1 2 3 4 5 6), but the opinions and the replies that go with them have been muddled up. Find a credible reply to go with each opinion.

A On dira ce qu'on voudra mais pour devenir ministre, il faut avoir une intelligence exceptionnelle.

1 Entièrement d'accord mais sans usines, pas de travail: il faut être réaliste.

B Ce que j'aime chez les Anglais c'est leur calme.

2 Je ne suis absolument pas d'accord. Je suis allé(e) en Bretagne, j'ai trouvé les habitants fermés, presque désagréables.

C Tout le monde s'habille de la même façon maintenant, c'est horriblement triste et monotone.

3 Je ne suis pas du tout de votre avis, si on impose une langue commune, c'est la fin de toutes les cultures populaires.

D Ce sont les usines qui abîment les paysages.

4 Le calme des Anglais, c'est un mythe voyons!

E Ce qui est frappant chez les Bretons c'est leur gentillesse.

5 C'est complètement idiot, il y a eu partout des tas de ministres qui n'étaient pas spécialement intelligents.

F On devrait vraiment imposer une langue commune en Europe.

6 Vous croyez vraiment que tout le monde s'habille de la même façon? Je n'en suis pas sûr(e) du tout.

Y a-t-il des différences?
How to make comparisons

Est-ce qu'**il existe des différences entre** la circulation
en France **et** la circulation en Angleterre?

Il y a **d'autres** réglementations.

Une femme est **aussi** capable **qu'**un homme de bien conduire.

1

*Annick a demandé à Marcel Nicolas, spécialiste de la circulation routière à la
gendarmerie de Rennes, des informations utiles pour les automobilistes
britanniques:*

Annick Est-ce qu'il existe des différences entre la circulation en
Angleterre et la circulation en France?

M. Nicolas Oui, je pense que la principale différence pour un Anglais qui
vient en France est de rouler à droite; donc le problème se pose
pour ces gens: la priorité à droite.

Annick Y a-t-il d'autres règles de circulation qui sont différentes?

M. Nicolas Il y a chez nous d'autres réglementations en particulier les
limitations de vitesse, qui ne sont pas les mêmes qu'en
Angleterre.

Annick Et quelles sont ces limitations?

M. Nicolas En agglomération: soixante kilomètres/heure; sur toutes les
autres routes: les nationales, les routes dites nationales et
départementales: quatre-vingt-dix kilomètres/heure; sur les
routes à quatre voies: cent dix kilomètres/heure et les
autoroutes: cent trente kilomètres/heure.

Annick Est-ce que la ceinture de sécurité est obligatoire en France?

M. Nicolas Actuellement, il est obligatoire de porter la ceinture de sécurité
pour tout conducteur français; donc je précise que pour un
conducteur anglais qui vient passer ses vacances en France et
dont le véhicule est muni de ceintures de sécurité, il doit
également porter sa ceinture de sécurité; et je précise qu'il est
interdit également aux enfants d'être placés à la droite du
conducteur, très important.

Annick Quelles sont les causes les plus fréquentes d'accidents en
France?

M. Nicolas Actuellement, en France, les causes les plus fréquentes sont,
d'une part la vitesse, c'est la principale des causes, ensuite les
refus de priorité, les conduites sous l'effet de l'alcool, les piétons
qui commettent beaucoup d'infractions, et les circulations à
gauche également. En Bretagne, c'est surtout la vitesse la
principale cause des accidents.

Annick	Et lorsqu'on dépasse la limitation de vitesse, que risque-t-on?
M. Nicolas	Eh ben, lorsqu'on dépasse la limitation de vitesse on risque d'abord, d'une part un procès-verbal, et puis, d'autre part, une suspension du permis de conduire.
Annick	Que pensez-vous de la femme au volant?
M. Nicolas	Oh mais, je suis pas contre, pas du tout; je trouve qu'une femme est aussi capable qu'un homme de conduire, et de bien conduire.

Marcel Nicolas, gendarme à Rennes.

la priorité à droite	*giving way to traffic coming from the right (see Informations)*
en agglomération	*in built-up areas*
les routes dites nationales et départementales	*'A' and 'B' type roads (see Informations)*
les routes à quatre voies	*dual carriageways*
est muni de	*is equipped with*
les refus de priorité	*failing to give way to traffic coming from the right*
la femme au volant	*women drivers*
je (ne) suis pas contre	*I'm not against it.*

2

Quelle est l'opinion de Bertrand et d'Isabelle, qui ont huit et neuf ans, sur la femme au volant? Viviane demande d'abord à Isabelle si les femmes conduisent plus ou moins bien que les hommes:

Isabelle	Elles s'affolent peut-être plus vite.
Viviane	Pourquoi?
Isabelle	Je ne sais pas.
Viviane	Tu crois que c'est les femmes qui sont faites comme ça?
Isabelle	Oui.
Viviane	Et toi, Bertrand, est-ce que ta maman conduit?
Bertrand	Oui.

Viviane	Qu'est-ce qu'elle a comme voiture?
Bertrand	Une Opel Kadett.
Viviane	Est-ce que, quand tu es en voiture avec ta maman, tu as autant confiance que quand tu es avec ton papa?
Bertrand	Oui, même plus.
Viviane	Même plus? Pourquoi?
Bertrand	Ben, parce que des fois papa, il s'énerve, et puis on roule un peu vite, et puis des fois on quitte la route et puis on va dans l'herbe du bas-côté.
Viviane	Quelles sont, à votre avis, les causes les plus fréquentes d'accidents?
Isabelle	Ben quelquefois, il y en a qui veulent aller trop vite sur les routes et qui veulent doubler ou alors, qui accrochent les voitures et ça cause des accidents; il y en a qui vont toujours trop vite.
Viviane	Et toi, Bertrand?
Bertrand	Ben, c'est pareil qu'Isabelle: il y en a qui roulent beaucoup trop vite et puis qui ne respectent pas la signalisation routière.
Viviane	Tu aimerais conduire?
Bertrand	Oui, sûrement.
Viviane	Sûrement.
Bertrand	Ben, ce n'est pas que j'aimerais ça, mais c'est pour me déplacer, ce serait . . .
Viviane	Plus pratique?
Bertrand	Oui.
Viviane	Et toi, Isabelle, est-ce que tu penses apprendre à conduire quand tu auras dix-huit ans?
Isabelle	Oh, oui, j'aurai une voiture aussi, puis pour aller à mon travail, c'est utile.

on va dans l'herbe du bas-côté	*we go into the grass verge*
c'est pareil qu'Isabelle	*I agree with Isabelle*

3

Viviane a demandé à une femme au volant s'il y avait des différences entre la façon de conduire des hommes et celle des femmes:

Mme Oudry	Il y a peut-être des qualités différentes de conduite mais je ne pense pas qu'on puisse émettre un jugement de valeur.
Viviane	Etes-vous une conductrice prudente?
Mme Oudry	Je pense.
Viviane	Roulez-vous vite?
Mme Oudry	Disons à bonne allure.
Viviane	Etes-vous gênée par les limitations de vitesse qui ont été instaurées il n'y a pas longtemps?
Mme Oudry	Pratiquement pas.
Viviane	Vous les respectiez déjà avant?
Mme Oudry	Je pense.

je ne pense pas qu'on puisse émettre un jugement de valeur	*I don't think you can make a value judgement*
à bonne allure	*pretty fast*
qui ont été instaurées	*which have been adopted*
pratiquement pas	*not really*

Mais pourquoi y a-t-il autant d'accidents de la circulation? Quelles sont les causes de ces accidents? Monsieur Oudry répond à ces questions.

1 En quoi les gens qui conduisent sont-ils différents?
2 Pourquoi M. Oudry n'a-t-il pas vraiment d'avis sur la femme au volant?
3 Quand prend-il le train?
4 Pourquoi laisse-t-il sa femme conduire?
5 Comment se définit-il?

M. Oudry	Eh bien d'abord parce qu'il y a une circulation très forte, parce que les gens qui conduisent sont très différents. Vous avez des hommes d'affaires qui veulent aller vite, des sportifs qui veulent aller très vite. Vous avez, au contraire, des gens qui se promènent et qui souhaitent aller lentement. Il y a donc des rythmes différents de circulation, et c'est sans doute une des causes d'accidents, qu'on ne voit pas assez, et qui est réelle.
Viviane	Considérez-vous que les femmes conduisent aussi bien que les hommes?
M. Oudry	Je n'ai vraiment pas d'avis sur la question, je vais vous dire, je ne suis pas assez passionné du volant moi-même pour avoir une réaction affective sur ce point, parce que je conduis moi-même parce que j'ai besoin de conduire, mais quand je veux voyager pour mon plaisir, je préfère le train.
Viviane	Votre femme conduit-elle?
M. Oudry	Ma femme conduit souvent. Plus que moi parce qu'elle se sert davantage de la voiture que moi; d'abord, elle circule plus que moi qui ai un métier très sédentaire. Quand elle veut faire les courses, c'est elle qui y va et elle prend la voiture; et quand nous circulons à deux, je la laisse toujours conduire parce que j'aime rêver en voiture.
Viviane	Et vous avez confiance en ses qualités de conductrice?
M. Oudry	Oui, pour deux raisons: d'abord parce qu'elle sait bien conduire, et d'autre part, les gens qui rêvent beaucoup dans la vie n'ont jamais trop de soucis pour leur avenir immédiat!

1
How to make comparisons

● To ask *whether* there are differences *between* one thing and another you ask:

Est-ce qu'il y a des différences entre la circulation en France **et** la circulation en Angleterre?

Est-ce qu'il y a des différences entre la façon de conduire d'un homme **et** celle d'une femme?

The answer may be:

Il existe	
Il y a	**des différences.**

Il y a des règles de circulation	**qui sont différentes.**
	qui ne sont pas les mêmes.

Il y a **d'autres** réglementations.

● When you're making comparisons, you often use the words **plus** (more), **moins** (less), and **aussi** (as):

C'est **plus**	
C'est **moins**	dangereux/rapide.
C'est **aussi**	

and you use **que** to link the two things you are comparing:

Les routes départementales sont **plus** agréables **que** les nationales.
Les autoroutes sont **moins** dangereuses **que** les routes à trois voies.
Les femmes conduisent **aussi** bien **que** les hommes.

● When you want to say *the same as* you use **le/la même que** / **les mêmes que**

Le code de la route est presque **le même** en France **qu'**en Angleterre.
La voiture de Jacques n'est pas **la même que** celle de Marc.
Est-ce que les causes d'accidents sont **les mêmes** en France **qu'**en Angleterre?
Les réglementations ne sont pas **les mêmes qu'**en Angleterre.

● When you want to say *as much as* you use **autant que**

Madame Dupont conduit **autant que** son mari.
Nous voyageons **autant que** les Durand.
Est-ce que, quand tu es en voiture avec ta maman, tu as **autant** confiance **que** quand tu es avec ton papa?

● To say *the most* and *the least* you use | **le/la/les plus . . .**
| **le/la/les moins . . .**

between the noun and the adjective which goes with it:

Quelles sont les causes **les plus** fréquentes d'accidents?
La différence **la plus** importante est la priorité à droite.
La conduite **la plus** dangereuse est la conduite sous l'effet de l'alcool.
La circulation à gauche est la cause **la moins** fréquente d'accidents.

and also:

Au volant, ce sont les femmes qui s'affolent **le moins.**
En voiture, ce sont les hommes qui s'énervent **le plus.**

● The adjectives **bon, mauvais**, and the adverb **bien** have special forms
when used in comparisons:

bon	meilleur (e)	le/la meilleur (e)
good	*better*	*the best*
mauvais	pire	le/la pire
bad	*worse*	*the worst*
bien	mieux	le mieux
well	*better*	*the best*

Here are some examples:

Le vin est **meilleur que** la bière.
Ce gâteau est **mauvais** mais l'autre était encore **pire.**
C'est **la pire époque** de ma vie.
C'est **mieux** de partir tôt demain matin.
De tous les garçons que je connais, il est **le mieux.**

2
What you must do and what you should do

You will find notices in France telling you (or advising you) to do certain
things. Here are some examples:

Il est (formellement) interdit de . . .
Il est obligatoire de . . . | *You haven't any choice!*
Il est indispensable de . . .

Il est recommandé de . . .
Il est conseillé de . . . | *You're advised to follow*
Il est préférable de . . . | *the advice you're being given.*
Il est plus prudent de . . .

Les routes de France

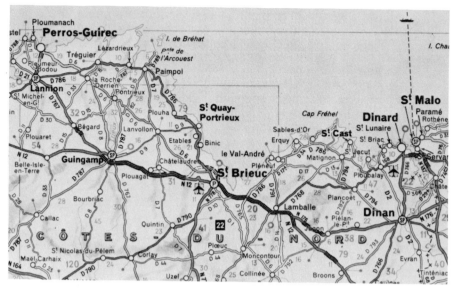

D'après la carte du pneu Michelin n° 998, 4ᵉ éd.

Elles sont classées en plusieurs catégories:

- les routes départementales (**D** sur la carte) – celles où la circulation est la moins importante.
- les routes nationales (**N**) qui ne sont pas nécessairement plus larges que les départementales mais où la circulation est plus importante.
- les routes à quatre voies qui sont des routes à grande circulation.
- les autoroutes (qui sont presque toutes *à péage – toll roads*).

Si vous voulez éviter les embouteillages, les encombrements vous pouvez, avant de commencer votre voyage, téléphoner aux centres de circulation routière des gendarmeries (50–73–93 / 50–74–91 à Rennes, par exemple) ou écouter les bulletins spécialisés de la radio qui vous indiquent des itinéraires moins encombrés.

La priorité à droite

Qu'est-ce que c'est?

Quand vous conduisez en France, VOUS DEVEZ absolument laisser passer les voitures qui viennent de votre *droite*:

1 dans une agglomération, c'est-à-dire une ville ou un village.

2 sur toutes les routes non-prioritaires, c'est-à-dire celles où vous *ne voyez pas* les panneaux suivants:

Pour plus de détails consultez un Code de la route français que vous pouvez acheter dans toutes les librairies en France. Pour avoir des renseignements, adressez-vous à:

> SECA – Codes Rousseau
> 85101 Les Sables d'Olonne
> France

n.b. Rappelons que le code de la route est pratiquement le même en France qu'en Grande-Bretagne mais qu'il est utile de connaître, par exemple, les limitations de vitesse qui peuvent changer, les réglementations en vigueur (le port obligatoire de la ceinture de sécurité), la couleur des ampoules de phares, avant de partir sur les routes de France. Comme il est prudent aussi, de faire poser un rétroviseur sur l'aile gauche de sa voiture si on a une voiture anglaise (avec le volant à droite).

Exercices

1
Priorité à droite

Toutes les voitures vont dans le sens indiqué par la flèche et doivent s'arrêter pour laisser passer les voitures qui viennent de la droite:

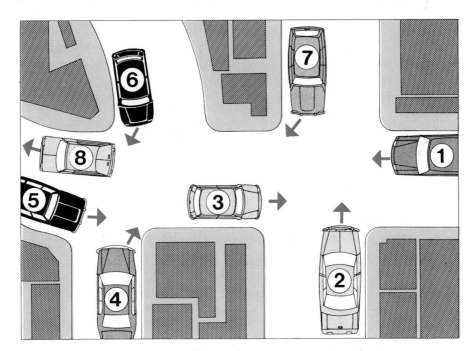

1 Est-ce que c'est la voiture (1) ou la voiture (2) qui a la priorité?
2 Quelle voiture doit passer la première: la voiture (1) ou la voiture (7)?
3 Est-ce que (2) doit s'arrêter pour laisser passer (3) ? Pourquoi?
4 (4) s'arrête pour laisser passer (5), est-ce que c'est normal?
5 Dans quel ordre les voitures roulent-elles? Dans la file de droite? Dans la file de gauche?

2
Quelques statistiques . . .

	France	Grande-Bretagne	Etats-Unis
Nombre d'*automobiles* fabriquées	3 500 000	2 000 000	10 100 000
Le métro:			
longueur	Paris: 178 km	Londres: 410 km	New-York: 385 km
vitesse horaire	23 km/h	32,5 km/h	33 km/h
nombre de stations	348	279	477
Les chemins de fer:			
nombre de voyageurs transportés	608 millions	728,2 millions	254,5 millions
longueur du réseau	34 768 km	18 322 km	336 102 km

1 Est-ce que la France fabrique autant d'automobiles que la Grande-Bretagne?
2 Est-ce que la Grande-Bretagne fabrique plus (ou moins) d'automobiles que les Etats-Unis?
3 Quelle ville a le réseau de métro le plus long?
4 Est-ce que la vitesse horaire du métro est différente à Londres et à Paris?
5 Y a-t-il plus (ou moins) de stations de métro à Londres qu'à New York? Quelle est la conséquence de ce fait?
6 Est-ce que c'est en France que les gens voyagent le plus en train?
7 Quel pays a le réseau ferroviaire le plus long?
8 Si on compare le nombre de voyageurs qui prennent le train et la longueur du réseau ferroviaire en Grande-Bretagne et aux Etats-Unis, qu'est-ce qu'on peut dire?

3
Two candidates have been shortlisted for a new post. You're in favour of appointing Jean-Pierre Alain, but your colleague Paul Duchoy is backing Yves Legal. What does Paul (and finally your boss) say?:

Vous Mon candidat, Monsieur Alain est vraiment excellent.
Paul (says may be but his candidate is certainly better than this M. Alain)
Vous Ah! Comment s'appelle-t-il?
Paul (gives his name)
Vous Et, en quoi ce Monsieur Legal est-il mieux que Jean-Pierre Alain?
Paul (says that first of all he is younger)
Vous Ça ne veut rien dire!
Paul (thinks too that M. Legal has had more responsibilities than M. Alain)
Vous Ils ne travaillaient pas au même endroit, alors, comment pouvez-vous le savoir?
Paul (says that both had the same job)
Vous Hum! Il est difficile de le savoir . . .

Paul (says that Alain cannot possibly be as intelligent as Legal who speaks four languages!)

Vous Et alors! C'est un technicien que nous cherchons!

Le patron au téléphone:

(says he's found the best candidate: someone who is not as young as the other candidates *but* he is asking for less money!)

4

The words in this crossword all have something to do with traffic and they're all based on the following verbs:

agglomérer, circuler, conduire, limiter, refuser, régler, signaler, suspendre:

HORIZONTALEMENT

1 La c . . . . e automobile est un art.
2 En voiture, on doit respecter les r . . . . . . s de circulation.
5 On ne doit pas dépasser 60 km/h en a . . . . n.
7 Vous risquez une s . . . . n de permis, cher Monsieur!

VERTICALEMENT

1 Il y a beaucoup de c . . . . n entre six et huit heures.
3 Il est très important de connaître la s . . . . n routière.
4 Faites attention à la l . . . . n de vitesse.
6 Un r . . . . . s de priorité est une faute grave.

5

You've just arrived at *Les Flots Bleus,* a camping site on the Atlantic coast.
You're given the usual *"Recommandations aux Campeurs"*, but your dog
tears it to pieces.
Try to remember what is forbidden, compulsory . . .

1 .... jeter les ordures dans les W.C.
2 .... utiliser les lavabos en dehors des heures de pointe.
3 .... ne pas circuler dans le camp la nuit.
4 .... faire entrer les chiens au restaurant.
5 .... ne pas se servir du fer à repasser quand il y a de l'orage.
6 .... mettre le numéro d'emplacement sur sa tente.
7 .... déclarer toute maladie grave au gardien.
8 .... ne pas laisser d'argent dans les tentes.
9 .... (que) la parole est d'argent mais le silence est d'or.

Ça me fait plaisir!

**Expressing your pleasure and thanks –
and dealing with invitations**

Monsieur le Directeur, **je suis vraiment très heureuse.**
Ecoutez, **je vous invite tous au restaurant . . .**
Mon chéri, **c'est formidable!**

Le magnétophone était là . . . Au cours d'une soirée, Annick et ses amis ont dit comment ils s'adressent à certaines personnes dans certaines circonstances.

1
D'abord, comment remercier votre directeur quand il vous annonce que vous êtes promu:

Annick Vraiment je ne m'y attendais pas, c'est . . . je ne sais pas quoi dire Monsieur le Directeur, je suis vraiment très heureuse, vraiment c'est, c'est formidable, je sais vraiment pas quoi vous dire, je ne peux que vous remercier. Et je suis vraiment très heureuse.

Michel Ah, Monsieur le Directeur, vraiment . . . Ah, Monsieur le Directeur, vraiment alors, là, je . . . ça me fait plaisir, hein? Ça me fait plaisir. Non, je m'y attendais pas du tout, d'abord parce que je pensais pas avoir mérité ça, hein, et puis, d'un autre côté, d'un autre côté vous savez ce que c'est, on espère toujours un peu, mais on n'ose pas y croire forcément, on n'ose pas y croire, mais je suis vraiment très content, Monsieur le Directeur, très content et très flatté, hein.

Je (ne) m'y attendais pas	*I wasn't expecting it*
On n'ose pas y croire	*one doesn't dare believe it*

2

Quand vous apprenez cette même bonne nouvelle à des amis . . .

Annick   Eh, les copains vous savez pas ce qui m'est arrivé, j'ai enfin réussi à avoir mon poste! Vous vous rendez compte, celui que je briguais depuis tant de temps. Je suis enfin passée à l'échelon supérieur, vous vous rendez compte, c'est formidable! Ecoutez, je vous invite tous au restaurant parce que ça se fête, c'est, c'est formidable; vous vous rendez compte le temps qu'il a mis pour arriver à ça! Oh, on va boire un pot, hein, on va fêter ça! . . .

Michel   Oh, Pierrot, Pierrot, Léon, vous savez pas? Ah, c'est formidable! Je viens d'être promu, ouais, ouais, Chef de bureau, parfaitement, Chef de bureau, tu te rends compte, hein? Moi qui étais rond de cuir depuis deux mois, si ça me fait plaisir – maintenant, mon vieux, je vais commander, on me la fera plus, tu comprends? Fini de se laisser mener par le bout du nez, c'est moi le Chef de bureau, hein, c'est chouette ça hein? Si on allait arroser ça les gars, hein? On va arroser ça tout de suite, allez hop, allez hop chez Mathurin. Zoup! Allons-y!

celui que je briguais depuis tant de temps	*the one I've been after for so long*
passée à l'échelon supérieur	*gone up a grade*
ça se fête	*we must celebrate that*
le temps qu'il a mis pour arriver à ça	*the time he took to come to this decision*
boire un pot	*have a drink*
rond de cuir	*just a pen pusher*
on me la fera plus	*I won't be pushed around any more*
se laisser mener par le bout du nez	*to let oneself be bossed about*
c'est chouette	*it's nice (see Informations)*
si on allait arroser ça?	*what if we had a drink to celebrate?*

3

Quand à la maison, vous le dites à votre mari/femme . . .

Annick   Mon chéri, devine ce qui m'est arrivé . . . Quelque chose de formidable, que j'attendais depuis très longtemps et, . . . qui vient de m'arriver comme ça, aujourd'hui. Tu ne devines pas? Oh, écoute, c'est formidable! J'ai été promue, mais c'est formidable! Tu te rends compte? Tu m'invites au restaurant . . . on fête ça, hein? Ah, c'est formidable! On va se faire un petit repas en tête à tête, hein? Il faut que ça se fête, tu te rends compte, moi, être arrivée à ce poste-là! Oh, je pensais que c'était une autre qui allait l'avoir, tu sais avec la chance que j'ai d'habitude. Oh, écoute, embrasse-moi, c'est formidable!

Michel   Bonjour mon petit lapin, j'ai une bonne nouvelle à t'annoncer, hein. Ah, tu vas pas me croire, et bien si, pourtant, depuis le temps qu'on l'attendait, ça y est, c'est arrivé! Je suis Chef de bureau, hein, hein? Ah! Ah! Tu croyais pas, hein, tu t'y attendais pas? Ah, tu savais pas que ton gros nounours finirait un jour Chef de bureau, ah, sacré p'tit lapin, va, hein. C'est une bonne surprise ça. Qui c'est qui va gagner de l'argent maintenant, hein? C'est nous! Ah, t'es contente, hein? Ah, ben non, pas déjà, ah ben non pas déjà le manteau de vison, écoute, je vais pas avoir des appointements à ce point, non. Non, peut-être une petite bague, hein? D'accord, ah, t'es contente, je vois ça.

en tête à tête	*just the two of us*
être arrivée à ce poste-là	*to have got that job*
ça y est, c'est arrivé	*it's finally happened*
finirait un jour	*would one day end up*
je vais pas avoir des appointements à ce point	*I'm not going to earn that much*

4

Mais comment refuser poliment une invitation à un supérieur hiérarchique?
Voilà ce que dirait Annick:

Annick   Je vous remercie Monsieur le Directeur, c'est très aimable à vous de nous inviter mais, j'ai bien peur que nous ne puissions nous rendre à votre invitation. Vous savez, nous avons des amis qui nous ont déjà invités pour ce jour-là et, vous savez, nous avons accepté; ça fait au moins un mois que l'invitation est fixée, et il nous sera vraiment très difficile de nous libérer, nous avons promis et . . . non, vraiment, vraiment je vous remercie, c'est très aimable à vous, ça me touche énormément parce que j'ai beaucoup de respect pour vous, mais vraiment non, ce ne sera pas possible.

c'est très aimable à vous	*it's very kind of you*
j'ai bien peur que nous ne	*I'm very much afraid that we*
puissions nous rendre à	* won't be able to accept*
ça me touche énormément	*I'm very touched*

Compréhension

1

Que fait Martine? A qui parle-t-elle? Où se sont-ils rencontrés? Quel est le but de cette conversation? Martine est-elle heureuse ou malheureuse? Comment le savez-vous?

Martine   Allo. C'est toi Alain? C'est Martine à l'appareil. Tu te souviens? Mais oui, nous nous sommes rencontrés à la dernière soirée de chez Annick, tu sais? Ah, ouais, c'était vraiment extra, hein, super-sympa, hein? C'était vraiment chouette, qu'est-ce qu'on a pu rigoler! Ah ouais, c'était vraiment vraiment terrible! Ah oui, super! Alors, quand est-ce qu'on se revoit? Tu me rappelles? Bon, ben, d'accord. Allez, au revoir, hein. Ouais, ouais, C'était vraiment super. Bon, allez, je t'embrasse. Au revoir.

2

Qu'est-ce qui se passe? Pourquoi Annick dit-elle ''tu as mal choisi ton jour''?
Est-ce qu'elle connaît et aime bien la personne à qui elle parle?

Annick   Je suis vraiment désolée, hein, tu as vraiment mal choisi ton jour. Figure-toi qu'Alain a un repas d'affaires demain et on ne peut vraiment pas se libérer. C'est vraiment dommage parce que tu sais, je n'ai pas du tout envie d'aller à ce repas et j'aurais préféré être avec vous, c'est tellement plus sympathique, tellement plus libre; oh, puis, tu sais ces repas d'affaires, hein, tu sais comment c'est. Ecoute, est-ce qu'on ne pourrait pas remettre ça à une autre fois, venez à la maison par exemple, fixons un jour.

1
How to thank somebody

Depending on how polite you want to be, you can say:

Merci.
Je vous remercie.
Merci **beaucoup/infiniment.**
Je vous remercie **beaucoup/infiniment.**

● To thank someone *for* something, you say:

Je vous remercie de | votre lettre.
| votre cadeau.

Je te remercie de la bonne nouvelle.

● To thank someone *for having done* something, you say:

Merci **d'** | **avoir téléphoné.**
| **être venu.**

Je vous remercie **d'** | **avoir téléphoné.**
| **être venu.**

or more formally:

C'est très aimable à vous de nous inviter.
C'est très aimable de votre part de m'inviter.
C'est très gentil à toi de me téléphoner.

2
How to say that you are happy or pleased

● You can simply say:

Je suis heureux/heureuse.

adding if you're *really* happy:

Je suis | **vraiment**
très
vraiment très | heureux/heureuse.
content/contente.

● And if you want to add that something gives you particular pleasure, you can say:

Ça me fait plaisir.

Ça nous fait | très
vraiment
vraiment très
énormément | **plaisir.**

or more informally, to friends, for example:

C'est formidable!
C'est chouette!

3
Invitations

If you want to invite someone *somewhere*, the standard invitation is:

Je vous invite | **au cinéma.**
| **à la maison.**
| **au restaurant.**

If you want to invite someone *to do* something, you say:

Je vous invite | **à dîner.**
| **à prendre le thé.**
| **à sortir avec moi ce soir**

and if you want to give more details:

Je vous invite tous **à venir prendre l'apéritif** chez moi, demain soir à sept heures.

Je vous invite tous les deux **à passer le dimanche** dans ma maison de campagne.

More informally, with friends for example, you can turn a suggestion – for example *On va au cinéma,* into an invitation, by adding *je vous invite,* or *c'est moi qui invite:*

On va boire un café: | **je vous invite.**
On va prendre l'apéritif: | **je t'invite.**
On va au restaurant: | **c'est moi qui invite.**

● There are several ways of *turning down* an invitation, depending on how polite or apologetic you want to be.

You can refuse the invitation in a straightforward way:

Non, **ce n'est pas possible.**

Non, **je ne peux pas** | y aller.
| venir ce soir.
| accepter votre invitation.

You can make your refusal less abrupt by using the future:

Non, ce ne **sera** pas possible.
Non, il ne me **sera** pas possible de me libérer.
Non, je ne **pourrai** pas me libérer.
Non, nous ne **serons** pas libres ce soir-là.

96

To be even more polite, you can add that you're sorry by ending your sentence with 'j'en suis désolé(e)' or 'j'en suis navré(e)':

Ce ne sera (malheureusement) pas possible, **j'en suis désolé(e)**.

Il ne me sera (malheureusement) pas possible de venir, **j'en suis** (vraiment) **navré(e)**.

n.b. *ne* is often dropped in spoken French (see Chapter 17), so is the 'u' of *tu*:

Ah, tu es contente ⟶ Ah, t'es contente
Tu as vu? ⟶ T'as vu?

and 'e' is also dropped, as in:

Petit lapin ⟶ P'tit lapin

C'est chouette

C'est une expression à la mode en France actuellement. *C'est chouette:* c'est merveilleux, formidable, extra(ordinaire), sympa(thique) . . . On l'emploie entre amis, entre gens du même âge – plutôt jeunes. Il vaut mieux l'éviter quand on ne sait pas à qui on parle. De plus, ces expressions à la mode vieillissent vite; il est préférable donc d'attendre et de voir si elles sont encore utilisées avant de les employer soi-même.

La langue familière change rapidement: des expressions nouvelles apparaissent soudain et ne durent quelquefois que le temps d'une génération, d'une mode . . .

En ce moment, par exemple, *ras-le-bol* qui veut dire lassitude, fatigue, exaspération . . . est employé dans les journaux, à la radio, dans la rue, partout. Et pourtant, vous ne pouvez pas l'employer tout le temps. Si vous parlez à votre Chef de bureau, à votre Directeur vous direz:

Je suis fatigué(e) – Je suis vraiment épuisé(e) – Ce travail m'ennuie.

A des gens que vous connaissez bien, des amis, des collègues peut-être, vous direz la même chose, mais autrement:

J'en ai ras-le-bol – Je suis crevé(e) – J'en ai marre de ce boulot!

97

Monsieur le Directeur

En France, on s'adresse souvent aux gens par leurs titres, même dans la vie quotidienne. On dira, par exemple, *Bonjour Monsieur le Directeur* tous les matins, dans le même couloir, au directeur de l'usine, de l'école . . . où l'on travaille. On dit aussi *Au revoir, Monsieur le Curé/Madame l'Inspectrice*, même au téléphone.

Par contre, on dit: *Bonjour/Au revoir Docteur*, chez le médecin. A quelqu'un que vous ne connaissez pas, mais qui vous rend service ou à qui vous demandez quelque chose, vous dites *Monsieur, Madame, Mademoiselle:*

Excusez-moi, Mademoiselle, vous avez du feu?
Pardon Monsieur, vous allez à Perros-Guirec?
La place Duguesclin s'il vous plaît, Madame?
Merci beaucoup, Monsieur.

S'il vous arrive de faire des présentations, c'est-à-dire de présenter une personne à une autre, vous commencez par la personne la plus haut placée. Vous dites par exemple:

Monsieur le Directeur Général, | *permettez-moi de* *laissez-moi* | *vous présenter*

   Madame Picard, Directrice du Personnel.

Quand on vous présente quelqu'un, vous pouvez répondre:

Je suis enchanté(e)/(très) content(e)/heureux (se)/ravi(e)
   de faire votre connaissance

ou, plus brièvement: *Enchanté(e)*

Entre amis, dans une atmosphère moins formelle, on dit:

Je vous présente ma femme Julie.
Je te présente mon ami Max.

98

1

A – What did you say to your husband/wife when you asked him/her not to forget to:

e.g. thank Martine for having given you both that delicious cake:

N'oublie pas de remercier Martine de nous avoir donné ce gâteau délicieux.

1 thank Madame Chopin (your neighbour) for having given you the flowers yesterday.
2 ask Michel and Pauline (your best friends) for dinner on Saturday.
3 phone Monsieur Jobard (her/his ex-boss) to tell him you can't make it on Friday evening.

B – What did your husband/wife say:

1 to Madame Chopin (he/she thanked her warmly)
2 to Michel and Pauline (he/she added that it would please you both very much)
3 to Monsieur Jobard (he/she was polite and apologetic).

2

Here situations and reactions are muddled up – what do you really say in each situation?

1 Quelqu'un vous marche sur les pieds.	a Je ne sais pas quoi dire, c'est formidable.
2 Vous rencontrez des copains dans la rue.	b Félicitations mon vieux, je suis content(e) pour toi.
3 On vous apprend une très bonne nouvelle: le voyage de vos rêves devient possible!	c Je suis désolé(e) Monsieur le Directeur, mais je ne suis pas libre ce soir.
4 Votre directeur vous invite à dîner.	d Vous venez boire un pot?
5 Votre ami Jacques vient de réussir (brillamment) à son examen.	e Non mais, vous ne pourriez pas faire attention!

3

At the launderette you meet Hervé whom you've been trying to avoid for the last few weeks. . . . What do you say to him?

Hervé	Tiens! Bonjour, ça va?
Vous	(greet him briefly)
Hervé	Ça me fait plaisir de te voir. Si on allait ensemble au cinéma?
Vous	(don't want to go – say that you are sorry but you are not free at all this week)
Hervé	Tu as bien une minute quand même! Viens donc prendre un verre maintenant.
Vous	(want to be polite but distant – say it's not possible because Léon is waiting for you at home)

Hervé	Pas de chance! Est-ce que je pourrais te téléphoner dans la semaine?
Vous	(yes of course he may try but you will not be able to go out)
Hervé	Si je comprends bien tu n'as pas très envie de me voir!
Vous	(would prefer not to see him – that's true!)
Hervé	Ah!
Vous	(say good-bye – you have to go back home now)

4

Here is what is being said in the situations above: match *what* is being said, *to whom* it's being said.

1 Allo! Marie-Chantal? Je peux venir te voir?
2 Vraiment, Monsieur le Directeur, je ne sais pas comment vous remercier. Je vais téléphoner à mon mari.
3 Est-ce que tu pourrais garder Mathieu aujourd'hui?
4 Je vous invite, votre mari et vous, à venir boire le champagne, chez moi, ce soir.
5 Non, je ne suis pas libre ce soir.
6 Ma voiture est en panne . . . vous pourriez venir?
7 D'accord! Emmène-le à la maison à dix heures.
8 C'est impossible, le garage est fermé.

5

You are in the following situations. What do you say?

1 *In a new town, someone kindly gives you directions:*
   (you thank him/her very politely)

2 *You wanted your friend Marianne to phone you early and she does:*
   (you thank her)

3 *You're given an unexpected present:*
   (you're really happy)

4 *You meet your friends Rosalie, Albert, Jean, Claude in the street:*
   (you invite them all for a drink)

5 *Once more your neighbour catches you on your doorstep and invites you out:*
   (you turn down his/her invitation)

6 *You find M. et Mme Lachaux rather boring. They ask you for tea:*
   (you don't want to go but you don't want them to take it badly)

Nous espérons avoir votre visite prochainement

Expressing your gratitude – and your anger

Merci . . . c'était très réussi.
Ce n'était pas la peine!
Vous allez me laisser votre adresse!

1

Au moment de quitter des amis avec qui on a passé une excellente soirée, qu'est-ce qu'on peut dire?

C'est d'abord Annick qui dit "au revoir et merci":

Annick   Bien, au revoir et vraiment merci de cette charmante soirée, c'était vraiment très réussi. Vraiment merci, hein, c'était vraiment formidable, on n'a pas vu le temps passer, et il est malheureusement très tard et vraiment, quand on est en bonne compagnie, le temps passe très vite. Vraiment merci. Le repas était délicieux, la cuisinière s'est surpassée . . . Vraiment c'était formidable.

> on n'a pas vu le temps passer   *we didn't notice time go by*
> la cuisinière s'est surpassée   *the cook excelled herself*

Au tour de Roger:

Roger   Bon, il se fait tard, et puis . . . bon . . . ben, il faut penser quand même à demain; nous allons vous quitter, c'était très, très sympathique comme soirée; l'ambiance était impeccable. Nous espérons avoir votre visite prochainement, hein? Et puis, bon, ben, merci beaucoup: c'était très gentil.

> l'ambiance était impeccable   *the evening went with a swing*

2

On est souvent embarrassé quand on reçoit un cadeau, on ne sait pas quoi dire . . . Comment Roger réagit-il dans cette situation?

Roger   Oh, mais fallait pas; c'était pas la peine de me faire un cadeau; c'est très gentil, merci; je vais le déballer . . . Ah, mais vraiment, mais non, fallait pas; mais non, c'est trop charmant, c'était pas la peine; ah, puis ça me va en plus merveilleusement bien; je ne sais pas comment te remercier.

(il ne) fallait pas	*you shouldn't have . . .*
c'était pas la peine	*you needn't have*
ça me va en plus	*what's more, it suits me*
merveilleusement bien	*marvellously.*

3

On peut presque devenir muet de plaisir, de joie, de gratitude si quelqu'un vous rapporte quelque chose que vous aviez perdu. Voici d'abord Annick dans cette situation:

Annick   Oh, mais c'est . . . c'est pas vrai! C'est vous qui l'avez trouvé? Oh, mais écoutez, entrez donc, entrez donc. Oh, vous ne pouvez pas savoir l'inquiétude que je me suis faite. Ce n'est pas tellement pour l'argent qu'il y avait dedans, il n'y a pas une forte somme, il n'y a que cent francs. Mais . . . c'est surtout pour mes papiers: il y avait tous mes papiers d'identité, vous vous rendez compte le souci! Et nous devions partir en vacances dans quelques jours, à l'étranger, et je suis allée à la préfecture complètement affolée. Oh vraiment Monsieur, merci. Ecoutez, asseyez-vous; je vais vous offrir l'apéritif.

l'inquiétude que je me suis faite	*how worried I was*
il n'y a pas une forte somme	*there isn't much money*
complètement affolée	*in a state of panic*

Puis Roger . . .

Roger   Bonjour Monsieur, c'est à quel sujet? . . . Ah, c'est très gentil pour le déplacement, vous êtes bien aimable. Mais rentrez, rentrez donc. Qu'est-ce que je peux vous servir, un whisky, un Porto? . . . Bon, un whisky, d'accord. Mais où vous l'avez trouvé ce portefeuille, parce que tout l'après-midi je n'ai fait que le chercher; je me demandais vraiment qu'est-ce qui était arrivé à mon portefeuille parce que c'est quand même important. Ah, vous êtes vraiment gentil, vraiment gentil.

c'est très gentil pour le déplacement	*it's very nice of you to have come*
qu'est-ce qui était arrivé à	*what had happened to*

4

Mais que peut-on dire quand on est en colère? Martine est très en colère:

Martine   Mais regardez-moi ça! Vous avez vu, ça? Cette voiture est toute neuve, elle sort du garage. Vous pourriez rouler moins vite, quand même, non? Mais où est-ce que vous avez appris à conduire? C'est inimaginable! Mais regardez ce que vous avez fait. Vous avez vu, là? Il y a une grande éraflure, mais c'est affreux, qu'est-ce que je vais faire? Vous allez me laisser votre adresse, hein, et au moins le numéro de votre assurance, vous allez pas partir comme ça! . . . Mais si, c'est quelque chose. Vous allez quand même pas croire que je vais continuer à rouler comme ça! Mais ça va me causer des frais!

Mais regardez-moi ça!	*Just look at that!*
Vous allez pas partir comme ça!	*You're not going to drive off just like that!*
ça va me causer des frais	*it's going to cost me a lot*

Compréhension

C'est au tour de Michel d'être en colère.

1 A qui parle-t-il?
2 Pour quelle(s) raison(s) est-il en colère?
3 Qu'est-ce qu'il va faire?
4 Que diriez-vous si vous étiez à la place de Pierrot?

Oh! Pierrot! C'est à cette heure-ci que tu rentres? Non, mais ça va pas? Enfin tu ne te rends pas compte qu'on t'a attendu pendant quatre heures? Enfin, c'est invraisemblable! D'où est-ce que tu viens? . . . Oui, bon, d'accord, oui, je sais, oui, mais enfin c'est pas cela qui t'a pris beaucoup de temps? Où est-ce que tu es allé? . . . Enfin, c'est pas possible qu'on passe toute la nuit à faire si peu de chose. Qu'est-ce que tu as fait? Ecoute, j'appelle ta mère et puis tu vas discuter avec elle parce que, écoute, moi je veux pas voir cela se reproduire. J'en ai assez. Ça fait déjà quatre fois; cette fois-ci je ne céderai pas, hein? Tu ferais mieux de me dire d'ailleurs ce que tu as vraiment fait, hein!

1

● When you receive a present you say how pleased you are:

Je suis très content(e) (see chapter 19),

and you can show your appreciation by adding:

Il ne fallait pas!
Ce n'était pas la peine!
C'est vraiment trop gentil.

● If you're going to open the present there and then (as you should!) you can say:

Je vais	**le déballer** **le regarder** **l'ouvrir**	**maintenant.** **tout de suite.**

2

To thank your host/hostess for a lovely evening, you can say:

Au revoir et vraiment merci de cette charmante soirée.

C'était vraiment très	**réussi.** **bien.**

Le repas était délicieux.
C'était vraiment formidable.

3

To say what *you're* hoping for, you use **espérer** plus the infinitive:

J'espère	**avoir** votre visite bientôt. vous **revoir** cet été. **revenir** l'année prochaine.

To say what you hope *other people* will do or have done, you use **espérer** and **que**:

J'espère que	**vous viendrez** me voir à Londres. **vous avez passé** de bonnes vacances. **vous avez fait** un bon voyage. **vous avez passé** une bonne soirée.

4

But if, in certain circumstances, you're feeling angry – for example, your car has been scratched – you can be firm and say:

Vous allez	**me laisser** votre adresse! **me donner** votre numéro d'assurance! **me suivre** au Commissariat de Police!

and even more firmly:

Donnez-moi | votre numéro de téléphone!
votre adresse en France!

and you can reproach the 'guilty' party by saying:

Vous ne pourriez pas | **faire attention?**
rouler moins vite?

Informations

"Mes papiers"

Un automobiliste à qui la police demande:
"Vos papiers!" doit présenter la carte grise
de la voiture, son permis de conduire
et sa carte d'assurance.
Contrairement à ce que l'on croit souvent,
la carte d'identité n'est pas obligatoire en
France. Toutefois, elle rend certaines
démarches plus faciles pour les Français:
retirer un chèque à la banque, une lettre au
guichet de la Poste Restante. Ils peuvent
faire la preuve de leur identité sans avoir de
carte d'identité ou de passeport en
montrant un bulletin de salaire ou une
quittance de gaz ou d'électricité.
Dans certains magasins, les Français
justifient de leur identité, pour obtenir des
réductions (de 5 à 15% sur présentation de
leur carte de sécurité sociale, de syndicat) . . .

Une page d'un permis de conduire.

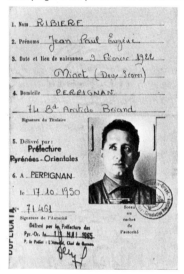

La préfecture

Il y a une préfecture dans chaque département français (95 départements
métropolitains, 4 D.O.M. (Départments d'Outre-Mer). Le préfet est *nommé*
par le Gouvernement et non pas élu. Il représente le Gouvernement dans
chaque département. Depuis 1960, les départements ont été regroupés en
circonscriptions d'action régionale. Entre le Gouvernement central et le
département, il y a donc maintenant *la région* avec à sa tête un préfet de région.

Les invitations . . .

Si vous êtes invité(e) dans une famille française et si vous voulez faire un
cadeau à la maîtresse de maison, vous pouvez toujours offrir des fleurs (des
fleurs coupées ou des plantes fleuries, voyez le chapitre 6). Mais n'oubliez
pas qu'en France les fleurs sont chères en général. Vous pouvez, bien sûr,
apporter une bonne bouteille, mais choisissez plutôt une bouteille d'apéritif
ou d'alcool (whisky, cognac . . .) pour ne pas risquer d'offenser la maîtresse
de maison qui a choisi son menu et des vins pour accompagner tous les plats.

Ces règles ne sont pas strictes bien sûr, et dans des situations plus intimes,
détendues, amicales vous n'avez pas à obéir à ces usages. Vous laissez parler
votre coeur!

Si vous voulez dire quelque chose en remettant votre bouquet de fleurs ou votre cadeau (un petit gadget pour la maison, une spécialité de la région – du genre confiserie ou autre . . .) vous pouvez dire: ''Voilà, c'est pour vous!'' ou ''Voilà un petit quelque chose pour toi''.

Quand *vous* recevez un cadeau, vous remerciez la personne qui vous l'offre, bien sûr (voyez les chapitres 19 et 20), mais surtout, vous ouvrez le paquet, ou vous mettez les fleurs dans un vase . . . *tout de suite.*

Au moment d'acheter un cadeau dans un magasin vous pouvez demander un ''paquet-cadeau'':
Est-ce que vous pourriez me faire un paquet-cadeau, s'il vous plaît? On vous fera gratuitement un paquet cadeau, c'est une coutume acceptée partout, sauf au moment de Noël et du Jour de l'An dans les grands magasins.

En général, lorsque vous êtes invité dans une famille française c'est pour un *repas* (un déjeuner, un dîner) ou pour l'*apéritif* (voyez le chapitre 1 – Informations). Les ''Parties'' à l'anglaise où tout le monde boit debout pendant toute la soirée ne font pas partie des habitudes familiales françaises où, en général, la nourriture (même sous forme de buffet) est **le** centre d'intérêt:

1

Il se fait tard . . . It's getting late:
You've spent a fantastic evening with your friends; on the doorstep . . .

Vous	(thank them for the lovely evening, say the meal was really excellent/delicious)
L'hôtesse	Je vous en prie.
Vous	(hope they will come to your place/home very soon)
Vos amis	Bien sûr! Avec plaisir.
Vous	(suddenly remember you haven't got their new telephone number and ask for it *nicely, politely*)
Vos amis	C'est le cinquante-deux, vingt-cinq, trente!
Vous	(write it down and say you hope they'll sleep well)
Vos amis	Vous aussi!
Vous	(thank them again and wish them a very good night)
Vos amis	Bonne nuit à vous aussi – Au revoir et à bientôt.

2

You've just received a present . . .

Vos amis	Voilà un petit quelque chose pour toi!
Vous	(say it's really very nice of them and show your appreciation)
Vos amis	Mais tu ne sais pas ce que c'est.
Vous	(say you're going to unwrap it right away)
Vos amis	Attention, c'est fragile!
Vous	(you're so pleased that you don't know what to say)
Vos amis	Ça te plaît vraiment?
Vous	(say that it's your most beautiful present that one could give you (!))
Vos amis	C'est très bien! Tout le monde est content.
Vous	(thank everybody very warmly and ask them what they'd like to drink)
Vos amis	A ta santé! A la tienne! Bon anniversaire!

3

You're phoning your friends Claire and Edouard . . .

Vous	Allo . . . C'est Edouard?
Claire	Non, c'est Claire! Comment allez-vous?
Vous	(say very well thank you, and ask if they are free next Saturday)
Claire	Oui, je pense – Pourquoi?
Vous	(say you'd like to invite them . . .)
Claire	Excellente idée! Mais . . . vous fêtez quelque chose!
Vous	(say you've just been promoted)
Claire	Bravo! Toutes mes félicitations! C'est vraiment une bonne nouvelle!
Vous	(say you are very pleased and that you'd like to give them a very good meal to celebrate)
Claire	C'est vraiment très gentil de votre part.
Vous	(ask her if she knows a very good restaurant)
Claire	Non, pas particulièrement . . . Vous savez, on ne sort pas beaucoup! Encore moins que vous . . . mais on m'a parlé d'un excellent restaurant sur la route de Paimpol.
Vous	(say you don't know it and ask Claire to tell you its name)
Claire	Attendez! Je crois que c'est *Le Pied de Cochon.*
Vous	(welcome the idea and say you're going to phone the restaurant right now and will phone them back)
Claire	D'accord! A bientôt donc.

4

You've just spent a marvellous evening with your friends Catherine and Patrick. Write a letter to Catherine thanking her, saying how much you enjoyed yourselves. Add that you'd like to invite them both to your place next month (you hope that they'll enjoy their evening with you as much), and ask Catherine to phone you to fix a date.

5

It wasn't your fault, but you've just been involved in an accident, and your brand-new car is badly scratched. You ask the other driver:

1 where he learned to drive.
2 how long he has been driving for.
3 if he lives in the area.
4 if it's his first accident.
5 his insurance number.

You tell him:
6 that all this is really stupid.
7 it's going to cost you a lot.

Further comprehension scenes

1

Est-il possible de savoir quand et pour quelles raisons on se met en colère?
C'est ce qu'Annick essaie d'expliquer:

Annick   Eh bien, par exemple, lorsque j'attends qu'une voiture quitte son
parking pour pouvoir me garer et qu'une personne me vole ma place
en quelque sorte. Ça m'est arrivé, alors je suis descendue très rouge
de ma voiture, très en colère, et je suis allée voir la personne qui
avait piqué ma place et je lui ai dit: "Mais, Madame, vous exagérez,
ça fait au moins un quart d'heure que j'attends que la place soit libre
et vous, vous arrivez comme une fleur, vous prenez la place, vous
me faites un grand sourire et vous garez votre voiture et vous partez.
Ah, ben, ça va pas se passer comme ça, ça c'est moi qui vous le dis!"

2

Une autre occasion pour Annick d'être en colère: son mari est en retard:

Annick   Dis donc, tu manques pas d'un sacré culot. T'as vu l'heure qu'il est?
Ecoute, hein, mon rôti est brûlé, tu as dit que tu rentrais à une heure
très précise. Tu as vu? T'as deux heures de retard. Puis je me suis fait
du mauvais sang, j'ai cru que tu avais eu un accident. Enfin, tu
aurais pu me téléphoner quand même, tu exagères, hein! Ecoute,
hein, c'est vraiment la dernière fois que ça arrive parce que si ça
recommence, eh bien moi, je vais chez ma mère! . . .

3

Roger est en retard, Martine l'accueille . . .

Martine   Ecoute, j'en ai vraiment assez, hein. Tu exagères, hein. Tu arrives
toujours en retard, tu pourrais au moins me prévenir, tu le sais
pourtant que je m'inquiète. Tu sais pourtant que j'ai pas que ça à
faire, à t'attendre, mais c'est la dernière fois que je t'attends, c'est
terminé. La prochaine fois tu iras au restaurant, je veux pas préparer
des repas comme ça pour toi, hein.

4

Martine, avec son amie Annick, aperçoit un garçon avec qui elle est sortie la
semaine précédente . . .

Martine   Non mais, eh t'as vu? Non mais c'est lui, mais t'as vu ce salaud,
avec qui il est? Non mais il est gonflé quand même, hein? Après
tout ce qu'il m'a dit! Non, mais franchement, non mais il est pas
bien. Qu'est-ce que je fais, à ton avis? Je vais le voir? . . . Bonjour,
tu me reconnais? Qui c'est . . . euh . . . c'est ta sœur? Ah, c'est ta
nouvelle? Ah oui d'accord. Bon, ben, écoute mon vieux, hein, c'est
pas la peine de me téléphoner, euh . . . allez, au revoir.

5

Michel aimerait bien revoir Odette . . .

Michel Allo? Allo, Odette? C'est toi? Oui, comment vas-tu? Ben, c'est Michel ici, ouais, Michel! Michel . . . tu sais bien, on est sorti ensemble avant-hier, oui! Enfin, c'est pas tellement vieux pourtant! Oui . . . ah, tu sais j'ai gardé un souvenir terrible, hein, ah, c'était chouette, puis on s'est bien amusé quoi, puis, je sais pas y avait un petit quelque chose qui plaisait, hein, dans l'air, puis on s'est bien entendu, hein, ah c'était, c'était super, hein? Terrible, oui! Dis-donc . . . est-ce qu'on pourra se voir bientôt, oui? Oh, ben, sur le Boul-Mich', là tu sais bien au petit café du coin, oui? Demain soir? Demain soir on pourra se voir, ouais, et puis on sortira, on ira . . . oui . . . on ira au cinéma! Oui c'est ça on ira au cinéma, voilà, voilà . . . Hein, mais d'abord on va casser une petite croûte ensemble parce qu'autour, autour d'un bon plat on cause tu sais, hein. Faut d'abord manger, oui, oui, c'est ça. Alors, à demain, à demain soir, hein? Au revoir Odette.

6

Rien ne va plus! . . .

Michel Bonjour Odette. Ça va? Ouais. Oui, moi ça va, je te remercie. Oui, mais enfin tu m'excuseras d'aller tout de suite au sujet là, mais, quand même, je croyais que quand on s'était rencontré l'autre jour, heu . . . y avait quelque chose qui allait bien entre nous, tu vois, puis l'autre jour je t'ai vue, hein, oui je t'ai vue à la terrasse du café, là, de chez Mathurin, t'étais avec Jules, ah, je t'ai vue, oui ça mais, non, mais non, n'essaie pas de nier, je t'ai vue, écoute, (il ne) faut pas me prendre pour un imbécile, quoi; et puis encore, il te tenait de près, hein, il te serrait bien; oh, mais ça tu peux pas dire non, écoute, j'étais à cinquante mètres, je passais; oui, ben c'est pas chic, quoi; non, et puis d'abord lui c'est un salaud, c'est un salaud, c'est un salaud et puis c'est un snob, tu sais il fait ça avec toutes les filles; non, puis ça m'a pas fait plaisir quoi, je m'attendais pas à ça, écoute. Déjà entre nous c'était sympa, ça allait bien, on s'entendait, enfin c'est vrai quoi, non, non moi ça m'a pas plu, ça m'a pas plu, écoute, moi je te dis carrément, hein, ben t'as baissé dans mon estime quoi, c'est tout quoi, t'as baissé dans mon estime, et puis maintenant ben c'est fini, faut plus y compter, moi c'est fini, tu vois, là.

Answers to exercises

CHAPTER 11

1

1 Quelle langue | est-ce que vous parliez / parliez-vous | quand vous étiez petit?

2 Quelle langue | est-ce que vos parents parlaient / vos parents parlaient-ils | à la maison?

3 Quand | est-ce que vous avez / avez-vous | appris le français?

4 Est-ce | qu'il fallait / que vous deviez | parler français à cette époque(-là)?

5 Est-ce que vous préfériez / Préfériez-vous | le français ou le basque?

2

1 parce que mes parents étaient pauvres.
2 parce que mes grands-parents avaient une ferme.
3 parce que mon père n'était pas catholique.
4 parce que j'avais les cheveux roux et des taches de rousseur.
5 parce que je détestais l'eau.

3

1 J'habitais une petite maison à la campagne.
2 J'allais à l'école à bicyclette.
3 Après l'école, je jouais avec mes amis.
4 Le dimanche, j'allais | dîner / manger | chez ma grand'mère.
5 Le vendredi, chez nous/à la maison, ma mère faisait des gâteaux.
6 Pendant les vacances | je me promenais / j'allais | au bord de la mer,

or Je passais mes vacances au bord de la mer.

4

1 où j'ai rencontré des étudiants allemands qui sont maintenant mes amis.
2 Nous étions tous | dans le / au | même hôtel
3 qui était juste au bord de la mer.
4 Tous les jours nous nous baignions ensemble pendant des heures.
5 Quand je suis parti j'ai pris leurs adresses, et je leur ai donné mon adresse.
6 C'était vraiment formidable.

5

habitait – étaient – était – étaient – ils étaient tous Bretons – parlait – parlaient –
était – allaient – allaient – parlaient – pouvaient – fallait – parlaient – parlaient –
avaient.

CHAPTER 12

1

Je serai professeur comme mon père.

J'envisage d'aller
J'irai peut-être $\Big|$ à Grenoble.

(Comme ça) je pourrai faire du ski.

Non, parce que je reviendrai souvent en Bretagne. Quand je serai professeur
j'aurai beaucoup de vacances.

2

1 Je vais aller $\Big|$ en $\atop$ à la $\Big|$ montagne.
    J'irai

2 J'irai à Briançon.

3 Je prendrai/nous prendrons des bains de soleil.

    J'irai me promener
    Je ferai des promenades $\Big|$ en montagne.

    Je lirai des romans.

    Je visiterai $\Big|$ les monuments (de la région).
     la région.

4 J'y resterai trois semaines.

5 Non, j'y serai avec ma soeur.

3

serez – respirerez – nagerez – vous promènerez – retrouverez

4

Non, nous irons tous (ensemble) au cinéma dimanche prochain.

Tu iras tout seul à la piscine quand tu sauras nager.

Tu $\Big|$ mangeras $\atop$ auras $\Big|$ du chocolat après le dîner.

Tu regarderas la télévision quand tu auras $\Big|$ terminé $\atop$ fini $\atop$ fait $\Big|$ tes devoirs. $\atop$ ton travail.

Tu $\Big|$ pourras inviter $\atop$ inviteras $\Big|$ Stéphane (à la maison) si tu travailles bien à l'école.

5

a Combien d'enfants aurez-vous?

   Où est-ce que vous habiterez?

   Est-ce que vous travaillerez?

   Est-ce que vous aurez des activités en commun?

   Qu'est-ce que vous ferez pendant vos heures de loisir?

   or Quels seront vos loisirs?

b Nous aurons deux enfants dans cinq ans.
Nous habiterons (dans) un appartement.
Nous n'habiterons pas (dans) une maison avec jardin.
Oui, nous travaillerons (tous les deux).
Oui, nous aurons beaucoup d'activités en commun.
Nous irons souvent au cinéma.
Nous n'irons pas au théâtre.
Nous ferons du sport.
Nous voyagerons un peu.

CHAPTER 13

1

1 proposait	11 comprendrais
2 iriez	12 pourriez
3 aurais	13 serait
4 voudrais	14 serais
5 choisiriez	15 arriveriez
6 iriez	16 allais
7 préférerais	17 poserait
8 voudriez	18 aimeriez
9 choisirais	19 serait
10 serais	20 retrouverais

2

1 je vous offrirais (quelque chose) à boire.

2 je vous $\begin{vmatrix} \text{ferais} \\ \text{préparerais} \end{vmatrix}$ un bon repas.

3 je vous montrerais des photos $\begin{vmatrix} \text{formidables.} \\ \text{merveilleuses.} \end{vmatrix}$

4 je chanterais et je jouerais aux cartes avec vous.

5 je vous lirais des poèmes formidables.

3

Oui, j'en voudrais encore, s'il vous plaît
or J'en reprendrais (bien), oui merci
Oui, j'en voudrais (bien) un peu, merci.
Oui, je voudrais (bien) le sel, s'il vous plaît.

Oui, $\begin{vmatrix} \text{je voudrais boire de l'eau, s'il vous plaît.} \\ \text{je boirais bien un peu d'eau, s'il vous plaît.} \end{vmatrix}$

Oui, j'aimerais (bien) goûter une des spécialités bretonnes, s'il vous plaît.

Oui, $\begin{vmatrix} \text{j'aimerais bien} \\ \text{je prendrais bien} \end{vmatrix} \begin{vmatrix} \text{du} \\ \text{un} \end{vmatrix}$ café, s'il vous plaît.

4

Si j'étais riche, j'achèterais un bateau.
Si elle avait mal aux yeux, elle porterait des lunettes.
Si je savais le Turc, j'irais en Turquie.
Si on était libre, on chanterait tout le temps.
Si tu m'aimais, je serais heureux/heureuse.

CHAPTER 14

1

1 Parce qu'elle est toute seule à la maison. Elle n'a plus ses enfants.
2 Parce que quand elle est à bord, elle a froid, ses doigts meurent,
   elle se réfugie dans la cabine.
3 Elle leur dit que c'est très dur.
4 Son mari passe tout son temps autour de son bateau, à la vente de sa pêche et à
   aider les autres marins autour de leurs bateaux.
5 Il rentre à la maison pour manger, pour dormir, et pour voir sa femme.
6 Au mois de septembre, son mari va avoir sa retraite.
7 S'il l'écoutait, son mari aurait un bateau plus petit, il n'irait pas tous les jours à
   la pêche, et il lui donnerait quelques jours pour qu'ils en profitent tous les deux.

2a

1 Est-ce que votre femme travaille?
2 Qu'est-ce qu'elle fait?
   Que fait-elle?
   Quel est son métier?

3 Pensez-vous | que les femmes | doivent | travailler?
  Croyez-vous | | devraient |

4 Est-ce qu'elle a toujours travaillé?
5 Est-ce qu'elle préférerait rester à la maison?
6 Est-ce que vous aimeriez changer quelque chose à votre vie?

2b

1 Etes-vous inquiète quand | votre mari | est sur la route?
  | il | part?

2 Est-ce qu'il | aime son métier?
  | est content d'être chauffeur de camion?

3 Est-ce que vous le voyez souvent?
4 Est-ce qu'il passe beaucoup de temps à la maison quand il ne travaille pas?
5 Est-ce que vous regrettez le passé?
6 Pourquoi?
7 Si vous pouviez changer quelque chose à votre vie, que feriez-vous?

3

Jean Le Bozec

1 J'ai quarante ans.
2 Je suis chef de publicité
  (depuis cinq ans), après avoir
  été commerçant.
3 J'aimerais être acteur.
4 Le matin je me lève à six heures.
  Je vais au bureau en voiture.
  Je m'arrête à une heure et demie
  pour déjeuner.
  Je rentre à huit/vingt heures,
  ensuite je vais dîner au
  restaurant.
5 Hier, j'ai passé la journée à
  Paris/je suis allé à Paris
  (en avion) pour la journée.
6 Elle n'est pas (très) contente.

Anne Hyaric

1 J'ai trente-deux ans.
2 Je suis professeur (depuis cinq
  ans), après avoir été secrétaire.
3 J'aimerais être journaliste.
4 Le matin je me lève à huit heures.
  Je vais à l'école à bicyclette.
  Je reviens à cinq/dix-sept heures.
  (Je reste à l'école jusqu'à
  cinq/dix-sept heures).
  Le soir, je lis et je corrige
  mes copies. Je me couche à
  dix/vingt-deux heures.
5 C'était ma journée de congé.
6 Il est content.

CHAPTER 15

1

1 Oui, je lis un journal tous les jours, même si quelquefois je vérifie seulement les grands tites, (je ne lis que les grands titres/je ne jette qu'un coup d'oeil sur les gros titres).

2 Oui, j'y suis habitué(e) (je le lis habituellement), en fait je le lis depuis plus de huit ans.

3 Le matin, je le lis à l'heure du petit déjeuner, avant d'aller travailler, et le soir je le (re)lis au lit si je ne suis pas trop fatigué(e).

4 Ça dépend, parce que quand j'écoute régulièrement les informations données à la radio, je me crois assez informé(e) sur la situation mondiale, donc je lis les articles sur le sport, les jardins, la cuisine etc.

5 C'est difficile à dire. Pour moi c'est une habitude, et je crois que c'est mieux d'acheter un journal tous les jours. En plus, (et aussi) le petit déjeuner sans journal serait (semblerait) un peu bizarre.

2

1 Je lis la page télévision (je regarde les programmes de télévision) et je fais les mots croisés.

2 D'habitude tard le soir au lit.

3 D'abord je lis la météorologie.

4 Les articles sur le sport (la page des sports) et les nouvelles locales/régionales.

5 Oui je lis *La Liberté* tous les jours quand je ne suis pas en mer.

6 J'aime les faits divers, les avis d'obsèques, les nouvelles locales/régionales et les recettes de cuisine.

7 Parce que j'aime les nouvelles locales et j'adore faire la cuisine.

8 Oui, je lis l'hebdomadaire *Femmes d'aujourd'hui.*

9 Non, je le lis l'après-midi.

10 Je lis les informations politiques et des articles sur l'économie parce que j'étais étudiante en Sciences Economiques. Ça m'intéresse toujours (encore). Je regarde aussi la page télévision.

11 Parce que je choisis les programmes de télévision pour mes enfants.

3

Bonjour Madame Portion, ça va?

Oui, merci. Vous avez lu le journal d'aujourd'hui?

Parce qu'il y a une nouvelle importante.

C'est un avis d'obsèques/c'est dans les avis d'obsèques.

Attendez, je vais vous | le chercher.
| chercher le journal.

Quelqu'un que vous connaissiez très bien est mort. (Vous le connaissiez très bien).

C'était un de vos amis.

Il était malade depuis longtemps.

Il avait cinquante-six ans.

Oui, justement, c'est lui.

Vous voulez entrer prendre un verre?

4

1 Oui, je lis *Ouest-France.*

2 Enfin, | je ne l'achète pas vraiment. | Je suis abonné, je le
| oui, si vous voulez. |

reçois tous les jours.

3 Je lis d'abord les informations générales, puis les informations politiques, ensuite la page régionale. J'adore les faits divers et l'article qui s'appelle *Et pourtant c'est vrai.*
4 Tout le temps: le matin au petit-déjeuner, dans la journée (quand je ne travaille pas) et le soir au lit.
5 Oui, je lis *Le Monde, Le Canard Enchaîné, Armor-magazine* et *Tintin*.
6 Je ne regarde jamais la Télé – (J'ai horreur de ça!)
7 Non, je ne lis (absolument) rien d'autre.
8 J'écris des romans policiers.

5
1 Il y a un concert.
2 Au centre culturel de Sucy-en-Brie.
3 A neuf (vingt et une) heures.
4 L'orchestre de l'Ile de France.
5 (Il est dirigé par) André Girard.
6 Des oeuvres de Schubert, Barber, Jolivet et Rossini.
7 Je ne sais pas.

CHAPTER 16

1
1 Qu'est-ce que c'est qu'un pétrolier? (*see Book 1 p 20*)
2 Vous pourriez/tu pourrais m'expliquer ce que c'est qu'un recteur? (*see Book 2 p 62*)
3 Que veut dire *il est arrivé sans tambour ni trompette?* (*see Book 2 pp 58 and 62*)
4 Que signifie *sur le vif?* (*see Book 2 pp 58 and 62*)

2
6; 5; 10; 9; 8; 13; 12; 11; 4; 3; 1; 7; 2.
(*See Book 1 pp 96–97*)

3
1 voudrais	(*see Book 1 p 60*)
2 quelle	(*see Book 1 p 10*)
3 était, inviterais	(*see Book 2 p 32*)
4 irai, en/par	(*see Book 2 p 20 and Book 1 p 21*)
5 levez	(*see Book 1 p 50 and p 114*)
6 945 510	(*see Book 1 p 113*)
7 902MO35	(*see Book 1 p 64*)
8 moi, mon	(*see Book 1 p 87, p 115, p 113*)
9 Ses, ses, ses, Son, le	(*see Book 1 p 113 & p 115*)

4
1 vert, dur: (la) verdure
2 poids, son: (le) poisson
3 ment, tôt: (le) manteau
4 an, vie, rond: (les) environs

5
1 Le clocher de l'église Saint-Sulpice est tombé (*see Book 1 pp 96–97*)
2a Je marchais le long de | la rue des Peupliers. (*see Book 2 p 11*)
   J'étais dans |
 b J'habite(dans)le quartier Alexis Carrel.
 c Non, ce n'est pas très loin de l'église Saint-Sulpice.
 d D'abord j'ai entendu un bruit extraordinaire, comme je n'en ai jamais entendu de ma vie. Alors j'ai vu le clocher de l'église Saint-Sulpice pencher anormalement, puis finalement il est tombé dans un fracas épouvantable. (*see Book 1 pp 96–97*)
 e C'était épouvantable. (*see Book 2 p 11*)
 f J'ai tout de suite appelé les pompiers. (*see Book 1 p 96–97*)
 g Non, il n'y en a pas.

6
   (*See Book 1 pp 39–40*)
 1 petits   adorables
 2 grandes   sympathiques
 3 première   dernière   (*see also Book 1 p 30*)
 4 blanche   immenses
 5 lourde   légère   (*see also Book 1 p 61*)
 6 lente   rapide
 7 quotidiens   intéressants   mensuelles
 8 basses
 9 juteuses
10 tiède   tièdes

7
 1 venez, viendrez, *or* veniez, viendriez (*see Book 2 p 32*)
 2 a, habitons (*see Book 1 p 80*)
 3 est, reprendrais (*see Book 2 p 32*)
 4 sommes parti(e)s, partirons/partons (*see Book 1 pp 96–97 Book 2 p 20*)
 5 habitent, est, croyais, étaient (*see Book 2 p 11*)
 6 avons trouvé, nous irons, resteras (*see Book 1 pp 96–97 – Book 2 p 20*)
 7 n'étions, donnerions (*see Book 2 p 32*)
 8 savais, connaissez, ai appris (*see Book 1 pp 96–97, Book 2 p 11*)
 9 sommes allé(e)s, avait (*see Book 1 pp 96–97, Book 2 p 11*)
10 est, peuvent, faut, est (*see Book 1 p 70*)

8
1 Il s'agit d'un festival médiéval.
2 Cela se passera | à Caen jusqu'au quinze juin.
  Ce festival aura lieu |
3 Elles auront lieu au château et dans divers monuments.
4 Les autres manifestations prévues sont | des expositions, des animations
  Il y aura aussi / également |
  de rue, des visites guidées et des conférences.
5 Quelques universitaires y participeront.

9
1 Je disais simplement que les pétroliers géants devraient être interdits dans la Manche.

2 Parce que j'ai lu un article sur la pollution de la mer et je sais que des milliers de tonnes de pétrole vont dans (à) la mer chaque année.
3 Oui, bien sûr, mais une tonne de pétrole peut couvrir un kilomètre carré d'eau.
4 On devrait d'abord repenser ce problème de pétrole.
   C'est une question très difficile.
5 Parce que ce n'est pas seulement une question économique mais c'est aussi une question politique.

n.b. See also verb tables, Book 2 p 124–127 for revision of verbs

CHAPTER 17

1

1 Oui, c'est vrai, ils s'aiment | bien.
                                | beaucoup.

2 C'est faux, |
  Ce n'est pas vrai, | ils ne se connaissent (même) pas!

3 C'est absolument faux, ils se détestent.
4 C'est (archi-)faux, ils ne se connaissent (même) pas!

5 Je ne suis pas d'accord, |
  Ce n'est pas vrai, | elles se détestent.

6 Je suis de ton avis, |
  Je suis (tout à fait) d'accord, | (c'est vrai qu') ils s'aiment beaucoup maintenant.

7 C'est (absolument) faux, Julie a vingt-deux ans et Jacques | a trente-huit ans.
                                                             | en a trente-huit.

8 Mais, tu n'y comprends rien, ils se détestent.
9 Ça ne va pas, non? Elles ne se connaissent même pas!

2

1 Je ne suis pas d'accord, pour moi le sport est une activité qui me détend.
2 C'est archi-faux, une fois de plus tu ne sais pas de quoi tu parles.
3 C'est scandaleux. Tu devrais avoir honte.

4 Ce n'est pas vrai, | tu ne sais pas de quoi tu parles.
                     | tu n'y comprends rien.

5 C'est | complètement | faux!
        | archi- |

6 Je suis d'accord |
  Oui, c'est vrai | mais il faut aussi travailler.

7 Je le sais mais tu m'agaces aussi.
8 Oui, peut-être, et alors? . . .
9 Je me le demande . . .

3

1 Je ne suis pas du tout d'accord, c'est complètement idiot!
2 D'accord, c'est souvent vrai mais je ne sais pas pourquoi.
3 Entièrement d'accord, ce serait une bonne idée.
4 Je ne suis pas de ton avis, les touristes ne détruisent pas toujours les paysages.
5 Mais non, je ne suis pas du tout d'accord, c'est trop tôt!
6 Oui, bien sûr, mais je crois qu'il y a d'autres choses plus importantes.

7 Oui, c'est vrai mais ça n'a pas d'importance.

8 Je suis tout à fait d'accord, c'est | scandaleux!
| une honte!

9 C'est faux, je ne suis pas du tout d'accord, c'est à la mode, c'est tout!

4

A – 5   B – 4   C – 6   D – 1   E – 2   F – 3

CHAPTER 18

1

1 C'est la voiture (1) qui a la priorité.
2 La voiture (7) doit passer la première.
3 Non, car c'est la voiture (2) qui a la priorité.
4 Non, ce n'est pas normal puisque c'est la voiture (4) qui a la priorité.
5 Dans la file de droite il y d'abord (2), puis (3), (4) et (5).
Dans la file de gauche il y a d'abord (8), puis (6), (7) et (1).

2

1 Non, | la France fabrique plus d'automobiles que la Grande-Bretagne.
| la Grande-Bretagne fabrique moins d'automobiles que la France.

2 La Grande-Bretagne | fabrique moins d'automobiles.
| en fabrique moins.

3 Londres a le réseau de métro le plus long.
C'est Londres qui a le réseau de métro le plus long.

4 Oui, la vitesse horaire du métro à | Londres | est | plus | élevée qu'à | Paris.
| Paris | | moins | | Londres.

5 Il y a moins de stations de métro à Londres qu'à New-York.
or Il y en a moins à Londres qu'à New-York.
Comme le réseau est plus court à New-York, les stations

sont | plus rapprochées | les unes des autres.
| moins éloignées

6 Non, | c'est en Grande-Bretagne.
| il y a moins de gens qui prennent le train en France qu'en Grande-Bretagne.

7 Les Etats-Unis ont le réseau ferroviaire le plus long.

8 Il y a plus de voyageurs qui prennent le train en Grande-Bretagne qu'aux Etats-Unis et comme le réseau ferroviaire en Grande-Bretagne est moins long, on peut dire qu'il y a plus de voyageurs au kilomètre en Grande-Bretagne qu'aux Etats-Unis.

3

Peut-être, mais mon candidat est certainement meilleur que ce Monsieur Alain.
Il s'appelle Yves Legal.
D'abord, il est plus jeune.
Je pense aussi que M. Legal a eu plus de responsabilités que M. Alain.
Ils faisaient/avaient tous les deux le même (genre/type de) travail.
Alain n'est certainement pas aussi intelligent que Legal qui parle quatre langues.
J'ai trouvé le meilleur candidat: (c'est) quelqu'un qui n'est pas aussi jeune que les autres candidats, mais il demande moins d'argent!

4

1 conduite	1 circulation
2 règles	3 signalisation
5 agglomération	4 limitation
7 suspension	6 refus

5
1 Il est (formellement) interdit de jeter les ordures dans les W.C.
2 Il est recommandé d'utiliser les lavabos en dehors des heures de pointe.
3 Il est conseillé de ne pas circuler dans le camp la nuit.
4 Il est (formellement) interdit de faire entrer les chiens au restaurant.
5 Il est plus prudent/préférable de ne pas se servir du fer à repasser quand il y a de l'orage.
6 Il est obligatoire de mettre le numéro d'emplacement sur sa tente.
7 Il est indispensable de déclarer toute maladie grave au gardien.
8 Il est préférable/plus prudent de ne pas laisser d'argent dans les tentes.
9 Il est rappelé que la parole est d'argent mais le silence est d'or!

CHAPTER 19

1a
1 N'oublie pas de remercier Madame Chopin de nous avoir donné des fleurs hier.
2 N'oublie pas d'inviter Michel et Pauline à dîner samedi.
3 N'oublie pas de téléphoner à M. Jobard pour lui dire que nous ne pourrons

  pas | y aller venir | vendredi soir.

1b
1 Je vous remercie beaucoup de nous avoir donné ces fleurs (c'est très gentil à vous).
2 Pouvez-vous venir Je vous invite à | dîner samedi, ça nous ferait vraiment plaisir (de vous voir.)
3 Nous vous remercions beaucoup de votre invitation M. Jobard mais, malheureusement, nous ne pourrons pas nous libérer, nous en

  sommes | désolés. navrés.

2

1 – e   2 – d   3 – a   4 – c   5 – b

3
Oui, merci et toi?
Ce ne sera pas possible, j'en suis désolé(e) mais je ne serai pas libre du tout cette semaine.

Je te remercie mais | je ne peux pas accepter ton invitation: ce n'est pas possible: | Léon m'attend

à la maison.
Oui, bien sûr, tu peux essayer mais je ne pourrai pas sortir.
Je préférerais ne pas te voir, c'est vrai.
Au revoir, je dois rentrer (chez moi) maintenant.

4

1-E, 2-H, 3-A, 4-G, 5-F, 6-C, 7-B, 8-D

5

1 Je vous remercie | beaucoup | Monsieur.
                     | infiniment | Madame.

2 Merci
  Je te remercie | d'avoir téléphoné (tôt).

3 Je suis | vraiment | heureux | heureuse!
         | très | content | contente!
         | vraiment très |

4 Je vous invite tous à prendre un verre

  or On va boire un verre, | je vous invite.
                         | c'est moi qui invite.

5 Non, ce ne sera pas possible (je ne pourrai pas me libérer).

6 Je vous remercie beaucoup mais il ne me sera malheureusement pas possible de venir, j'en suis désolé(e). *or* Je ne pourrai malheureusement pas venir, j'en suis navré(e).

CHAPTER 20

1

Vraiment merci
Merci beaucoup | de cette charmante soirée, le repas était vraiment | délicieux.
                                                          | excellent.

J'espère | avoir votre visite | prochainement.
       | que vous viendrez chez moi | bientôt.

Je n'ai pas votre nouveau numéro de téléphone, (est-ce que) vous pourriez me le donner, s'il vous plaît?

52 – 25 – 30, merci. J'espère que vous dormirez bien.

(Encore une fois) merci, et bonne nuit.

2

C'est vraiment trop gentil. Mais il ne fallait pas, ce n'était pas la peine de me faire un cadeau.

Je vais | le déballer | tout de suite.
     | l'ouvrir |

Je suis tellement | heureux/heureuse | que je ne sais pas quoi dire.
              | content(e) |

C'est le plus beau cadeau qu'on pouvait me faire!

Je vous remercie tous beaucoup, c'est trop gentil!

Qu'est-ce que | je vous offre à boire?
           | je peux vous offrir?
           | vous buvez?
           | vous voulez boire?

3

Très bien, merci. Est-ce que vous êtes libres samedi prochain?

J'aimerais vous inviter. . .

Je viens d'être promu(e).

Oui, je suis très | heureux/heureuse content/contente | et | je voudrais j'aimerais | vous offrir un très

bon repas pour fêter ça.

(Est-ce que) vous connaissez un très bon restaurant?

Je ne le connais pas. Comment s'appelle-t-il?

Bon, d'accord. Je téléphone au restaurant tout de suite et je vous rappelle/retéléphone.

4 There is no set answer but we suggest:

Chère Catherine,

Je t'écris pour te remercier de la charmante soirée que nous avons passée ensemble. L'ambiance était très sympathique, et nous nous sommes beaucoup amusés.

Nous aimerions vous inviter tous les deux à la maison le mois prochain, et j'espère que nous passerons une soirée aussi agréable. Veux-tu me téléphoner pour fixer une date?

Encore merci,
Amicalement
Vous

5

1 Où est-ce que vous avez appris à conduire?

2 Vous conduisez depuis combien de temps?
   or Ça fait combien de temps que vous conduisez?

3 Est-ce que vous habitez (dans) le quartier?

4 (Est-ce que) c'est votre premier accident?

5 Vous allez me laisser
   Laissez-moi | votre numéro d'assurance.
   Donnez-moi

6 C'est vraiment stupide/idiot/bête.

7 Ça va me causer des frais.

Tenses of some common verbs

Avoir

	Present	Imperfect	Perfect	Future	Conditional
j'	ai	avais	ai eu	aurai	aurais
tu	as	avais	as eu	auras	aurais
il/elle	a	avait	a eu	aura	aurait
nous	avons	avions	avons eu	aurons	aurions
vous	avez	aviez	avez eu	aurez	auriez
ils/elles	ont	avaient	ont eu	auront	auraient

Etre

	Present	Imperfect	Perfect	Future	Conditional
je	suis	(j') étais	(j') ai été	serai	serais
tu	es	étais	as été	seras	serais
il/elle	est	était	a été	sera	serait
nous	sommes	étions	avons été	serons	serions
vous	êtes	étiez	avez été	serez	seriez
ils/elles	sont	étaient	ont été	seront	seraient

Aller

	Present	Imperfect	Perfect	Future	Conditional
je	vais	(j') allais	suis allé(e)	(j') irai	(j') irais
tu	vas	allais	es allé(e)	iras	irais
il/elle	va	allait	est allé(e)	ira	irait
nous	allons	allions	sommes allé(e)s	irons	irions
vous	allez	alliez	êtes allé(e)(s)	irez	iriez
ils/elles	vont	allaient	sont allé(e)s	iront	iraient

1
Regular verbs in -er

	Present	Imperfect	Perfect	Future	Conditional
je	parle	parlais	(j') ai parlé	parlerai	parlerais
tu	parles	parlais	as parlé	parleras	parlerais
il/elle	parle	parlait	a parlé	parlera	parlerait
nous	parlons	parlions	avons parlé	parlerons	parlerions
vous	parlez	parliez	avez parlé	parlerez	parleriez
ils/elles	parlent	parlaient	ont parlé	parleront	parleraient

2
Regular verbs in -ir

je	finis	finissais	ai fini	finirai	finirais
tu	finis	finissais	as fini	finiras	finirais
il/elle	finit	finissait	a fini	finira	finirait
nous	finissons	finissions	avons fini	finirons	finirions
vous	finissez	finissiez	avez fini	finirez	finiriez
ils/elles	finissent	finissaient	ont fini	finiront	finiraient

3
Regular verbs in -re

	Present	Imperfect	Perfect	Future	Conditional
je	descends	descendais	suis descendu(e)	descendrai	descendrais
tu	descends	descendais	es descendu(e)	descendras	descendrais
il/elle	descend	descendait	est descendu(e)	descendra	descendrait
nous	descendons	descendions	sommes descendu(e)s	descendrons	descendrions
vous	descendez	descendiez	êtes descendu(e)(s)	descendrez	descendriez
ils/elles	descendent	descendaient	sont descendu(e)s	descendront	descendraient

Some irregular verbs appearing in 'Sur le vif':

Manger (g is followed by an *e* before an *a* or an *o*)

	Present	Imperfect	Perfect	Future	Conditional
je	mange	mangeais	(*j'*) ai mangé	mangerai	mangerais
tu	manges	mangeais	as mangé	mangeras	mangerais
il/elle	mange	mangeait	a mangé	mangera	mangerait
nous	mangeons	mangions	avons mangé	mangerons	mangerions
vous	mangez	mangiez	avez mangé	mangerez	mangeriez
ils/elles	mangent	mangeaient	ont mangé	mangeront	mangeraient

Envoyer Note the future and conditional forms.

	Present	Imperfect	Perfect	Future	Conditional
j'	envoie	envoyais	(*j'*) ai envoyé	enverrai	enverrais
tu	envoies	envoyais	as envoyé	enverras	enverrais
il/elle	envoit	envoyait	a envoyé	enverra	enverrait
nous	envoyons	envoyions	avons envoyé	enverrons	enverrions
vous	envoyez	envoyiez	avez envoyé	enverrez	enverriez
ils/elles	envoient	envoyaient	ont envoyé	enverront	enverraient

Savoir

	Present	Imperfect	Perfect	Future	Conditional
je	sais	savais	(*j'*) ai su	saurai	saurais
tu	sais	savais	as su	sauras	saurais
il/elle	sait	savait	a su	saura	saurait
nous	savons	savions	avons su	saurons	saurions
vous	savez	saviez	avez su	saurez	sauriez
ils/elles	savent	savaient	ont su	sauront	sauraient

Devoir (and *apercevoir, recevoir*)

	Present	Imperfect	Perfect	Future	Conditional
je	dois	devais	(*j'*) ai dû	devrai	devrais
tu	dois	devais	as dû	devras	devrais
il/elle	doit	devait	a dû	devra	devrait
nous	devons	devions	avons dû	devrons	devrions
vous	devez	deviez	avez dû	devrez	devriez
ils/elles	doivent	devaient	ont dû	devront	devraient

Vouloir

	Present	Imperfect	Perfect	Future	Conditional
je	veux	voulais	(j') ai voulu	voudrai	voudrais
tu	veux	voulais	as voulu	voudras	voudrais
il/elle	veut	voulait	a voulu	voudra	voudrait
nous	voulons	voulions	avons voulu	voudrons	voudrions
vous	voulez	vouliez	avez voulu	voudrez	voudriez
ils/elles	veulent	voulaient	ont voulu	voudront	voudraient

Pouvoir

	Present	Imperfect	Perfect	Future	Conditional
je	peux	pouvais	(j') ai pu	pourrai	pourrais
tu	peux	pouvais	as pu	pourras	pourrais
il/elle	peut	pouvait	a pu	pourra	pourrait
nous	pouvons	pouvions	avons pu	pourrons	pourrions
vous	pouvez	pouviez	avez pu	pourrez	pourriez
ils/elles	peuvent	pouvaient	ont pu	pourront	pourraient

Offrir

	Present	Imperfect	Perfect	Future	Conditional
j'	offre	offrais	ai offert	offrirai	offrirais
tu	offres	offrais	as offert	offriras	offrirais
il/elle	offre	offrait	a offert	offrira	offrirait
nous	offrons	offrions	avons offert	offrirons	offririons
vous	offrez	offriez	avez offert	offrirez	offririez
ils/elles	offrent	offraient	ont offert	offriront	offriraient

Venir

	Present	Imperfect	Perfect	Future	Conditional
je	viens	venais	suis venu(e)	viendrai	viendrais
tu	viens	venais	es venu(e)	viendras	viendrais
il/elle	vient	venait	est venu(e)	viendra	viendrait
nous	venons	venions	sommes venu(e)s	viendrons	viendrions
vous	venez	veniez	êtes venu(e)(s)	viendrez	viendriez
ils/elles	viennent	venaient	sont venu(e)s	viendront	viendraient

Tenir is like *venir*, except that the perfect tense is formed with *avoir*

Dormir

	Present	Imperfect	Perfect	Future	Conditional
je	dors	dormais	(j') ai dormi	dormirai	dormirais
tu	dors	dormais	as dormi	dormiras	dormirais
il/elle	dort	dormait	a dormi	dormira	dormirait
nous	dormons	dormions	avons dormi	dormirons	dormirions
vous	dormez	dormiez	avez dormi	dormirez	dormiriez
ils/elles	dorment	dormaient	ont dormi	dormiront	dormiraient

Partir, servir and *sortir* are like *dormir* except in the present tense, which is as follows:

je	pars	sers	sors
tu	pars	sers	sors
il/elle	part	sert	sort
nous	partons	servons	sortons
vous	partez	servez	sortez
ils/elles	partent	servent	sortent

Voir (*i* becomes *y* before an *a, i* or *o*). Note the future and conditional forms.

	Present	Imperfect	Perfect	Future	Conditional
je	vois	voyais	(*j'*) ai vu	verrai	verrais
tu	vois	voyais	as vu	verras	verrais
il/elle	voit	voyait	a vu	verra	verrait
nous	voyons	voyions	avons vu	verrons	verrions
vous	voyez	voyiez	avez vu	verrez	verriez
ils/elles	voient	voyaient	ont vu	verront	verraient

Prendre

je	prends	prenais	(*j'*) ai pris	prendrai	prendrais
tu	prends	prenais	as pris	prendras	prendrais
il/elle	prend	prenait	a pris	prendra	prendrait
nous	prenons	prenions	avons pris	prendrons	prendrions
vous	prenez	preniez	avez pris	prendrez	prendriez
ils/elles	prennent	prenaient	ont pris	prendront	prendraient

Croire (*i* becomes *y* before all vowels except *é*)

je	crois	croyais	(*j'*) ai cru	croirai	croirais
tu	crois	croyais	as cru	croiras	croirais
il/elle	croit	croyait	a cru	croira	croirait
nous	croyons	croyions	avons cru	croirons	croirions
vous	croyez	croyiez	avez cru	croirez	croiriez
ils/elles	croient	croyaient	ont cru	croiront	croiraient

Faire

je	fais	faisais	(*j'*) ai fait	ferai	ferais
tu	fais	faisais	as fait	feras	ferais
il/elle	fait	faisait	a fait	fera	ferait
nous	faisons	faisions	avons fait	ferons	ferions
vous	faites	faisiez	avez fait	ferez	feriez
ils/elles	font	faisaient	ont fait	feront	feraient

Dire

je	dis	disais	(*j'*) ai dit	dirai	dirais
tu	dis	disais	as dit	diras	dirais
il/elle	dit	disait	a dit	dira	dirait
nous	disons	disions	avons dit	dirons	dirions
vous	dites	disiez	avez dit	direz	diriez
ils/elles	disent	disaient	ont dit	diront	diraient

Verbs ending in -aître (*i* becomes *î* before a *t*)

je	connais	connaissais	(*j'*) ai connu	connaîtrai	connaîtrais
tu	connais	connaissais	as connu	connaîtras	connaîtrais
il/elle	connaît	connaissait	a connu	connaîtra	connaîtrait
nous	connaissons	connaissions	avons connu	connaîtrons	connaîtrions
vous	connaissez	connaissiez	avez connu	connaîtrez	connaîtriez
ils/elles	connaissent	connaissaient	ont connu	connaîtront	connaîtraient

Vocabulary

This should be used in conjunction with the vocabulary in Book 1.
The English translations apply to the words *as they are used in the texts*.
Adjectives are normally given only in the masculine form with feminine ending in brackets.
Verbs marked (E) form the perfect tense with *être*.
Abbreviations: *m* masculine; *f* feminine; *pl* plural; *fam* used in familiar speech only.

A

à: à part *except for*;
à proximité *close by*
abimer *to ruin, spoil*
l' abonné(e) *subscriber*
accepter *to accept*
l' accident (*m*) *accident*
accompagner *to go with, accompany*
accrocher *to run into, collide with*
accueillant(e) *welcoming, friendly*
accueillir *to welcome*
l' achat (*m*): faire les achats (*m pl*) *to do the shopping*
l' activité (*f*) *activity*
actuellement *now*
l' adaptation (*f*) *adaptation, adjustment*
adapté(e) à *suited to*
adopter *to adopt, take to*
s'adresser à (E) *to speak to*
affectif (*f* affective): une réaction affective *emotional feelings*
s'affoler (E) *to panic*
affreux (*f* affreuse) *ghastly*
l' âge (*m*) *age*
l' agent (*m*) de police *policeman*
s'agir de (E) *to be about*
agressif (*f* agressive) *agressive*
l' agriculteur (*m*) *agricultural worker*
les aiguilles (*f pl*) d'une montre *hands of a watch*
aimable *kind*
ainsi que *as well as*
aisé(e) *well-off*
l' aléa (*m*) *drawback*
l' algue (*f*) *sea-weed*
alors que *when, whereas*
alterner *to alternate*
amener *to bring*
l' amidon (*m*) *starch*
amusant(e) *funny, amusing*

s'amuser (E) *to enjoy oneself*
l' anglais (*m*) *English (language)*
l' Angleterre (*f*) *England*
l' animation (*f*) de rue *street festival*
l' annonce: les petites annonces (*f pl*) *small ads*
annoncer *to tell*
anormalement *abnormally*
l' anxieux (*m*) (*f* l'anxieuse) *worrier*
apparaître *to appear*
appareil: à l'appareil (*m*) *on the line*
apprendre *to learn*
approcher *to approach, near*
l' argent (*m*) *money, silver*
s'arrêter (E) *to stop*
arriver (E) *to arrive*; en arriver à *to come to*
l' art (m) *art*
l' article (m) *newspaper article*; les articles de ménage *household goods* (*see p. 32*)
l' artisan (m) *craftsman*
l' assurance *insurance*
astreindre *to compel*
attachant(e) *appealing*
attaquer *to attack*
attirer *to attract*
attraper *to catch*
au contraire *on the contrary*
au delà *beyond*
au fond *basically*
au fur et à mesure *progressively*
au large *off shore*
auparavant *previously*
autant *as much*
s'avancer (E) *to jut out*
avant-hier *the day before yesterday*
l' avenir (*m*) *future*
l' avis (m) *opinion, announcement*; les avis d'obsèques *the death column*

B

la baie *bay*
se baigner (E) *to bathe, swim*
baisser *to go down*
les bandes (*f pl*) dessinées *strip cartoons*
le bas-côté *verge*
le bébé *baby*
besoin: avoir besoin de *to need to*
le/la bibliothécaire *librarian*
bien que *although*
bientôt *soon*; à bientôt *see you soon*
bizarre *odd*
le blessé, la blessée *injured person*
le bord: le bord de la mer *sea-side*; à bord
   on board
le Boul-Mich' *the boulevard Saint-Michel
   (in Paris)*
le breton *Breton language (see p 12)*
Breton(ne) *Breton*
bretonnant(e) *Breton speaking*
la broderie *embroidery*
la bru *daughter-in-law*
le bruit *noise*
brûlé(e) *burnt*
la Bulgarie *Bulgaria*

C

la cabine *cabin*
le cadavre *dead body*
le cadre d'entreprise *executive*
le caillou *stone*
la calamité *disaster*
le candidat *candidate*
le cantonnier *road-mender*
capable *capable, able*
le caractère *character*
caractériser *to characterize*
carrément: je te dis carrément *I'm telling
   you straight*
la catastrophe *disaster*
le catéchisme *catechism*
catholique *catholic*
la cause *cause*
causer *to cause, to chat*
céder *to give in*
la ceinture de sécurité *seat-belt*
certainement *certainly*
cesser *to stop*
le chagrin *sorrow*
le champ *field*
la chance *good fortune*; avoir de la chance
   to be lucky
charroyer *to transport, to cart*
le charter *charter flight*

le chemin *path, track*
cher (*f* chère) *expensive*
le choc *shock*
la circulation *traffic*
circuler *to get about*
la cité *city*
le climat *climate*
le clocher *steeple, bell tower*
le code de la route *the Highway Code*
la coiffe *head-dress (see p. 75)*
la colère *anger*; se mettre (E) en colère *to
   get angry*
le collant *plaster, adhesive dressing*
se coller (E) *to stick*
commander *to give orders*
le commerce *business*
commettre *to commit*
commun(e) *common*
la compagnie *company*
composé(e), (*usually* composé de)
   made up of
comprendre *to understand*
compter *to count*, compter sur *depend on*
concret (*f* concrète) *concrete*
le conducteur (*m*) *driver*
la conductrice (*f*) *driver*
la conduite *driving*
confectionner *to make*
la confiance *confidence*
le congé *leave, holiday*; la journée de
   congé *day off*
consterné(e) *dismayed*
contrairement à *as opposed to*
contre *against*
convenir *to suit*
contribuer à *to contribute towards*
le copain (*fam*) *friend*
le coquillage *shell*
correspondre à quelque chose *to mean
   something*
la côte *coast*
du côté de *as regards, when it comes to*
le cou *neck*
le couple *pair*
le courant *current*
la cousine (*f*) *cousin (female)*
la coutume *custom*
couvrir *to cover*; le temps couvert *cloudy
   weather*
créer *to create, make*
la crêpe *pancake (see p. 74)*
critiquer *to criticize*
croûte: casser la croûte *to have a bite to
   eat (fam)*

la cuisine *cuisine, cooking*
la cuisinière *cook (female)*
  culinaire *culinary*
  culot: tu ne manques pas d'un sacré
    culot *you've got a cheek (fam)*
le curé *priest*
  curieux *(f* curieuse*) curious, odd*

D

  d'ailleurs *moreover*
le daim *suède*
  dangereux *(f* dangereuse*) dangerous*
  dans l'immédiat *in the immediate future*
  d'autre part *on the other hand*
  d'avance *in advance*
  déballer *to unwrap*
  débarquer *to disembark*
  de bonne heure *early*
le début *beginning*
  déclenché(e) *launched*
  découpé(e) *indented*
  découvrir *to discover*
  dedans *inside*
  définir *to define;* se définir (E) *to define oneself*
  définitivement *finally, for good*
les dégâts *(m pl) damage*
le dégazage *jettisoning of oil*
  déjà *already*
le délateur *spy, informer*
la délation *informing*
  délicieux *(f* délicieuse*) delicious*
  se demander (E) *to ask oneself, wonder*
  dépasser *to exceed*
  dès *since*
  désolant(e) *heart-rending*
  désordonné(e) *untidy*
le détail *detail*
  se détendre (E) *to relax*
  détruire *to destroy*
  se développer (E) *to develop*
  devenir *to become*
  déverser *to pour*
  deviner *to guess*
le dialecte *dialect*
  différent(e) *different*
la diffusion *circulation*
  diriger (un orchestre) *to conduct (an orchestra)*
  discuter *to argue*
  disparaître *to disappear*
  dissuader *to dissuade*
  distance: prendre ses distances *(f pl) to dissassociate oneself*

  se distraire (E) *to amuse oneself*
  divers(e) *various*
le documentaire *documentary film*
  documenter *to keep informed*
  dommage: c'est dommage *(m) it's a pity*
  doubler *to overtake*
  dû *(f* due*)* à *caused by*
  dur(e) *hard, difficult*
  durant *during*
  du tout! (pas du tout!) *not at all*

E

  écarté(e) *ignored*
l' échange *(m) exchange;* les échanges *conversations*
  s'échapper (E) *to escape*
l' échelle *(f) scale*
  échelonné (e) *strung out*
  échouer *to be stranded, washed up, to run aground*
l' économie *(f) economy*
l' Ecosse (f) *Scotland*
l' écran (m) *screen*
  écraser *to run over*
  écrire *to write*
l' édition *(f) edition;* les éditions précédentes *earlier editions*
  effectivement *indeed*
l' effet (m) *influence*
  égoïste *selfish*
  élever *to rear, raise*
  élevé(e) *raised;* très peu élevé *not very high*
  éloigné(e) de *away from*
  embarrassé(e) *embarassed*
  embarquer *to embark*
  embrasser *to kiss*
  empêcher *to prevent*
  en: en compagnie *(f)* de *with;* en dépit *(m)* de *in spite of;* en somme *(f) in fact;* en train de *in the process of*
l' endroit (m) *place*
  s'énerver *to get irritated, impatient*
l' enfance (f) *childhood*
  s'ennuyer *to get bored*
l' enregistrement (m) *recording*
  enregistrer *to record*
  entendre *to hear*
  s'entendre (E) *to get on well together*
  entièrement *entirely*
  entraîner *to wash, to sweep along*
l' entretien (m) *interview*
  envie: avoir envie *(f)* de *to want to*
  envisager *to consider, look forward to*

l' envoyé (*m*) spécial *special correspondent*
l' épave (*f*) *wreck*
l' époque (*f*) *time, era*
épouvantable *dreadful*
l' éraflure (*f*) *scratch*
espérer *to hope*
essayer *to try*
essentiel(le) *fundamental*
l' est (*m*) *east*
estimer *to estimate*
l' Etat (*m*) *State*
étendu(e) *extensive*
l' étendue (*f*) *extent*
étranger (*f* étrangère) *foreign*
évoluer *to change*
exact(e) *true, accurate*
exagérer *to exaggerate, to go too far (fam)*
exclusivement *exclusively, entirely*
l' existence (*f*) *life*
l' exposition (*f*) *exhibition*
s'exprimer (E) *to express oneself*

F

la façon *manner*; de toutes façons *at any rate*; de la même façon *in the same way*
le facteur *factor*
la faculté (*university*) *faculty*; la Faculté des Lettres *Arts faculty (see p. 33)*
le fait *fact*; les faits divers *general news*
la faute *offence*
faux (*f* fausse) *untrue*
le fer à repasser *iron*
la fête *festival*; les jours de fête *holidays, bank holidays*
la fierté *pride*
se figurer (E) *to imagine*; figure-toi que ... *would you believe that ...*
la file (de droite) (*the right-hand*) *lane*
le filet *fishing net*
financier (*f* financière) *financial*
fixer *to fix*
flatté(e) *flattered*
la flèche *arrow*
la fondation *establishment, founding*
le fondement *foundation*
la force *strength*
forcément *inevitably*
la forêt *forest*
formellement interdit *strictly forbidden*
former *to make*

fou (*f* folle) *mad*; un monde fou *a tremendous crowd*
franchement *frankly, candidly*
frappant(e) *remarkable*
frapper *to beat against*
fréquent(e) *frequent*
le futur *future*

G

gagner *to earn*
la galette *griddle-cake (see p. 74)*
le garage *garage*
le gardien *warden*
se garer (E) *to park*
le gars *fellow, lad (fam)*
la gaze *lint-gauze*
gêner *to inconvenience, annoy*
la génération *generation*
la gentillesse *kindness*
gonflé(e): il est gonflé *he's got a nerve (fam)*
grave *serious*
la gravure *print, etching*
gros(se) *large, big*
le groupe *group*
guère *hardly*
la guerre *war*

H

s'habiller (E) *to dress*
l' habitant (*m*) *resident*
l' habitude (*f*) *habit*; j'ai mes habitudes *I have my little ways*
habitué(e) à *accustomed to*
hanter *to haunt*
hauturier (*f* hauturière): la pêche hauturière *fishing on the high seas*
le hasard *chance*; au hasard *at random*
hebdomadaire *weekly*; l'hebdomadaire (*m*) *weekly newspaper, magazine (see p. 51)*
l' herbe (*f*) *grass*
hier *yesterday*
la honte *disgrace*; avoir honte *to be ashamed*
l' hôtel (*m*) *hotel*

I

l' identité (*f*) *identity*
idiot(e) *stupid, absurd*
l' image (*f*) *picture, impression*
imbiber *to impregnate*

incapable *incapable, unable*
inconnu(e) *unknown*
indiscret (*f* indiscrète) *indiscreet*
indispensable *essential*
industrialisé(e) *industrialized*
infamant *defamatory*
inférieur(e) *inferior*
l' infirmière (*f*) *nurse (female)*
informé(e) *informed*
l' infraction (*f*) *offence*
inimaginable *unbelievable*
inquiet (*f* inquiète) *worried*
s'inquiéter (E) *to get worried*
l' inquiétude (*f*) *worry*
s'installer (E) *to settle, group*
l' instant (*m*) *moment*; pour l'instant *for the moment*
l' instantané (*m*) *snapshot*
l' instituteur (*m*) *primary school teacher (male)* (*see Book 1 p. 22*)
l' institutrice (*f*) *primary school teacher (female)*
interdire *to prevent, ban*
intéresser *to interest*; s'intéresser à *to be interested in*
interroger *to ask questions*
l' invitation (*f*) *invitation*
inviter *to invite*
invraisemblable *unlikely, hard to believe*
l' Irlande (*f*) *Ireland*
l' itinéraire (*m*) *itinerary*

J

jeter *to throw*
la joie *joy*
jusqu'alors *up to now*
juste *fair*
justement *exactly, precisely*

L

là-bas *over there, there*
le lac *lake*
laisser *to leave, allow*
la langue *language*; la langue maternelle *mother tongue*
largement *largely*
la larme *tear*
le lavabo *wash basin*
la lecture *reading*
léger (*f* légère) *light*
le lendemain *the next day*
lent(e) *slow*

lentement *slowly*
se libérer (E) *to free oneself, get out of an engagement*
libérien (*m*) *Liberian*
libre *free, free and easy*
lié(e) *connected with*
la ligne *route*; les lignes régulières *scheduled flights*
la limitation de vitesse *speed limit*
la loi *law*
lointain(e) *distant*
lorsque *when*
louer *to hire*
longtemps *for a long time*
lourd(e) *heavy*
la lune de miel *honeymoon*

M

la machine *machine*
le magnétophone *tape recorder*
mal: avoir du mal à *to have difficulty in*
la maladie *illness*
malgré *in spite of*; malgré tout *nevertheless*
malheureux (*f* malheureuse) *unhappy*
la Manche *the English Channel*
le manoeuvre *unskilled worker*
la manifestation *show, entertainment*
le marchand de poisson *fishmonger*
la marée *tide*; la marée montante *rising tide*
le mariage *marriage*
se marier (E) *to get married*
le marin *sailor*; le marin de commerce *merchant seaman*; le marin pêcheur *fisherman* (*see p. 42*)
marin(e) *marine*
la masse *stone-breaker's hammer*
matériel (le) *material*; le temps matériel *actual time*
maternelle: la langue maternelle *mother tongue*; l'école maternelle *infant school* (*see p. 13*)
le mazout *fuel oil*
la ménagère *housewife*
mensuel(le) *monthly*
mentionner *to mention*
la mer *sea*; la haute mer *the open sea*
le mercurochrome *mercurochrome (antiseptic)*
mériter *to deserve*
la météorologie *weather forecasting*
le mètre *metre*; le mètre cube *cubic metre*
mieux *better* (*see p. 85*)
minable *sorry-looking, shabby*

le ministre *minister*
la mode *manner, fashion*
le mode *mode*
la modernisation *modernisation*
le monde *world*; tout le monde *everybody*
    mondial(e) *world wide*
la montagne *mountain*
la montre *watch*
    mou (*f* molle) *soft*
    mourir *to die, go numb*
    muet(te) *dumb*
    mystérieux (*f* mystérieuse) *mysterious*

N

    nager *to swim*
la nappe de pétrole *oil slick*
    natal(e) *native*; le pays natal *country of*
        birth
    national (e) *national*
le naufrage *shipwreck*
    naviguer *to sail*
le navire *vessel*
la nécessité *necessity*
    nier *to deny*
la noce *wedding*; le voyage de noces
        honeymoon trip
    nombreux (*f* nombreuse) *numerous*
    normal(e) *normal*
    noter *to jot down*
le nounours *teddy-bear* (*fam*)
    nourrir *to feed*
la nourriture *food*
la nouvelle *piece of news*; les nouvelles
        news (see Book 1 p. 81)
le numéro *number* le numéro
        d'emplacement *site number*

O

l' objectif (*m*) *aim, objective*
    obligatoire *compulsory*
    obliger *to force*
l' observateur (*m*) *observer*
    s'occuper (E) des enfants *to bring*
        up/look after children
l' océan (*m*) *ocean*
l' odeur (f) *smell*
    opposer à *to contrast with*
    or *whereas*
l' or (*m*) *gold*
l' orage (*m*) *storm, thunder-storm*
les ordures (*f pl*) *rubbish*
l' orient (*m*) *east*; l'Extrême-Orient
    the Far East

    original(e) *original*
    ouais! (oui) *yes* (*fam*)
l' ouest (*m*) *West*
    ouvrir *to open*

P

la paille *straw*
le panier *basket*
le papier *paper*; les papiers d'identité
    identification papers (see p. 106)
    par: par conséquent *as a result*; par
        contre *on the other hand*; par là même
        as a consequence; par la suite
        afterwards; par rapport à *compared to*
    paradoxal *paradoxical*
    paraître *to seem*
les parents (*m pl*) *parents*
    parfaitement *perfectly*
le parking *parking space*
la parole *remark, word, speech*
le parti *party*
    particulier (*f* particulière) *private*
la partie *part*; faire partie de
        to belong to
    partout *everywhere*
    pas mal de *a fair amount of*
le passé *the past*
    passer *to spend, go, go by*
    passionné(e) de *keen on*
le patron *boss*
le pauvre *poor man*
le pavillon *flag*
le paysage *landscape*
le paysan *peasant*
la pêche *fishing*
le pêcheur *fisherman*
    pénible *arduous*
    perdre *to lose*
la période *time, era*
le permis de conduire *driving-licence*
le personnage *character*
    persuader *to persuade*
le pétrole *fuel-oil*
le pétrolier *oil-tanker*
le phénomène *phenomenon*
la photo(graphie) *photograph*
la phrase *sentence*
le piéton *pedestrian*
    piquer *to pinch* (*fam*)
la plage *beach*
le plan d'urgence *emergency operation*
    planifié(e) *planned*
la plaque *slick*

la pluie *rain*
   pointe: les heures de pointe *peak hours*
le pois *pea*
le poivre *pepper*
   poliment *politely*
   politique *political*
la politique *politics*
   polluer *to pollute*
le pompier *fireman*
le port *harbour*
le portefeuille *wallet*
   poser *to ask, to pose*
le poste *post, appointment*
   pour ainsi dire *so to speak*
   pourtant *and yet*
   pratique: mettre en pratique (*f*) *to put
     something into practice, apply*
   pratique *useful*
   se pratiquer (E): un métier qui se
     pratique à terre *a land-based job*
   précieux (*f* précieuse) *precious*
   précis(e) *exact*
   préciser *to specify*
la préfecture (de police) (*see p. 106*)
   préparer to *prepare*
   se présenter (E) *to occur*
la presqu'île *peninsula*
la presse *the press* (*see p. 51*)
   prévenir *to warn*
   prévoir *to foresee*
   privilégié(e) *privileged*
le problème *problem*
le procès-verbal *summons*
   prochain(e) *next*
   prochainement *soon*
   produire *to produce*
le produit *product*
le professeur *teacher*
   professionnel (le) *professional*
   profiter de *make the most of, enjoy*
le programme *programme, schedule*
le projet *plan*
   se promener *to go out for walks*
   promettre *to promise*
   promu(e) *promoted*
   se prostituer *to debase oneself*
   protéger *to protect*
le proverbe *proverb*
   province: de province (*f*) *provincial*
   provoquer *to give rise to*
   prudent(e) *careful*
la puéricultrice *specialist in child-welfare
   (female)*
   puisque *since*

Q

le quai *quay*
la qualité *quality*
   quand même *all the same*
   quelconque *any*
   quitter *to leave, leave off*

R

la raison *reason;* pour quelle raison? *why?*
   ramasser *to salvage*
   rapide *fast*
   rapidement *quickly*
   rappeler *to call back*
   se rappeler (E) *to recall*
   rapporter *to give an account of, return*
   rare *rare, unusual*
la réaction *reaction*
   réagir to *react*
   réaliste *realistic*
la réalité *reality*
   récent(e) *recent*
la recette *recipe*
   réciter *to recite*
la recommandation *instruction, advice*
   recommencer *to begin again*
   reconnaître to *recognize*
le rédacteur en chef *editor*
   réduit(e) *reduced*
   réel(le) *real*
   réfléchir *to think about*
la règle *rule;* la règle de circulation *traffic
   law*
   se réfugier (E) *to take refuge*
la réglementation *regulation*
   régional(e) *regional*
les relations (*f pl*) *dealings*
   remarquer: faire remarquer *to point out*
   remettre *to put off*
   remonter *to go back*
   se rendre compte (E) *to realise*
   renfermé(e) *withdrawn, inward-looking*
   rentrer (E) *to come back*
   reprendre *to have some more*
   se reproduire (E) *to happen again*
le résidu *residue*
   respecter *to respect*
   respirer *to breathe*
le retard *delay;* en retard *late*
le réseau *system, network;* le réseau
   ferroviaire *railways*
   retardé(e) *backward*
la retraite *retirement;* je suis en retraite (*see
   p. 9*); vous serez à la retraite *you will
   have retired* (*see p. 19*)

réussir *to succeed*; réussir à un examen
   to pass an examination; c'était très
   réussi *it was a great success*
rêver *to dream*
se revoir (E) *to see each other again*
la revue *magazine*
rigoler *to have a good time*
le rire *laughter*
risquer *to run the risk of*
la robe *dress*
le rocher *rock*
le roman *novel*
le rond-point *roundabout*
le rôti *roast*
rouler *to drive*
rural(e) *rural*
le rythme *rhythm*

S

le sable *sand*
le sabot *clog* (*see p. 75*)
le sac *handbag*
saisir *to take*
la salade *salad*
le salaire *wages* (*see p. 13*)
le salaud *rotter, brute* (*fam*)
sang: se faire (E) du mauvais sang *to get
   worried*
la santé *health*
satisfaire *to satisfy*
sédentaire *sedentary*
séduisant(e) *fascinating*
le séjour *stay*
séjourner *to stay*
le sel *salt*
sembler *to seem*; il me semble *it seems to
   me*
le sens *meaning, direction*; dans le sens
   des aiguilles d'une montre *clockwise*
sentir *to be aware of, smell, feel*
serrer *to squeeze*
servir à *to be used for*
se servir (E) de *to use*
signaler *to signal, indicate*
la signalisation routière *road signs*
signifier *to signify, mean*
simple, *unaffected*
soi-disant *so-called*
soigner *to take care of*
le soleil *sun*
sombrer *to sink*
la sorte *sort, type*
le souci *concern, care*
souhaiter *to wish to*

la soupe *soup*
le sourire *smile*
le soutien *support, upholster*
le souvenir *memory*
se souvenir (E) *to remember*
le spectacle *sight*
se succéder (E) *to follow*
suffisamment *adequately*
suffisant(e) *enough*
le sujet *matter, subject*
supérieur(e) *superior*
supporter *to put up with*
supposer *to think, imagine*
la surprise *surprise*
suspendre *to suspend*
la suspension (du permis de conduire)
   suspension (of driving-licence)
le symbole *symbol*
sympa(thique) *nice*
systématiquement *systematically*

T

tacher *to stain*; qui ne tache pas le
   poisson *i.e. a daily 'rag'*
taquiner *to tease*
le tas *heap*
le téléphone *telephone*
le témoin *witness*
la tempête *storm*
le temps *weather*
se tenir au courant de *to keep up to date
   with*
la tente *tent*
le terme *term*
tenter *to try, tempt*; tenter l'expérience
   give it a try
la terrasse d'un café *pavement outside café*
la terre *land*; à terre *on land, ashore*
terrible! *fantastic!*
le tirage *print, i.e. number of newspapers
   printed* (*see p. 51*)
le tisserand *weaver*
la toile *linen*
tôt *early*
totalement *completely*
le touriste *touriste*
tourmenté(e) *rugged (coastline, etc . . .)*
tourner *to turn, go round, revolve*
tout à l'heure *in a few minutes*
la tradition *tradition*
traîner *to lie strewn about*
T.S.F. (la Téléphonie Sans Fil) *wireless*
le turc *Turkish (language)*
la Turquie *Turkey*

U

l' universitaire *academic*
utile *useful*

V

le véhicule *vehicle*
se vendre (E) *to sell*; les journaux
se vendent moins *newspaper sales
are down*
vérifier *to look at*
la victime *casualty*
le vieillard *elderly person*
le village *village*

la visite *visit*
visiter *to visit*
le vison *mink*
la vitesse *speed*
la vocation *vocation*
la voie *way, lane*
la voile *sailing*
le vol *flight*; à vol d'oiseau *as the
crow flies*
le volant *steering wheel*
voler *to steal*
le voyage *journey*; le voyage de noces
honeymoon trip

Acknowledgement is due to the following for permission to reproduce illustrations:

ANN BOLT old lady, page 71
GABRIEL LE CAM couple, page 8
CAMERA AND PEN coast, page 4, beach, page 24, Perros-Guirec, page 62, old lady, page 69
CAMERA PRESS pine trees, page 4, crêperie, page 70
DRESDEN STAATLICHE KUNSTSAMMLUNGEN (Photo Deutsche Fotothek Dresden), *The
Stonebreakers* by Courbet, page 10
FRENCH GOVERNMENT TOURIST OFFICE Morbihan, page 30
G. NEGRE portrait, page 31
SUSAN PATON Annick and Alain Cabillic, page 18, M. Le Recteur de Louannec and Madame St.
Gal de Pons, page 61
PRESS ASSOCIATION Torrey Canyon disaster, page 59
AGENCE RAPHO girl, page 44, costumes, page 75
JEAN RIBIERE Finistère, page 29, businessman, page 44, old lady, page 72, driving licence,
page 106
H. ROGER VIOLLET boutique, page 32, Tréguier, page 33, making pancakes, page 74

The remaining photographs were provided by the subjects or specially photographed by the
BBC

Acknowledgment is due to the following:

EDITIONS GAUTIER LANGUEREAU for drawings from *Bécassine dans la neige*, illustrated by J. P.
Pinchon, page 74
LE MONDE for 'Pour le dernier concert . . .' page 56, and 'Un festival médiéval . . .' page 66
OUEST FRANCE for 'Pour vous madame' page 52